Erfolgreich sein:

Erfolgsmensch

Lerne von den erfolgreichsten Menschen dieser Welt

Von

Ignatz Rajher

Ausgabe 2, 2019

Umschlaggestaltung, Illustration: fiverr.com/germancreative
Verlag: Independently published (Ignatz Rajher)

ISBN Paperback: 9781980396888

Ignatz Rajher
c/o Block Services
Stuttgarter Str. 106
70736 Fellbach
E-Mailadresse: truewordspublishing@gmx.de

Website:
https://www.ignatzrajher.de/

YouTube-Channel:
https://www.youtube.com/channel/UChwv3ZFcfZch0K_kL4QY4kw/

Bibliografische Information Der Deutschen Nationalbibliothek

Die Deutsche Nationalbibliothek verzeichnet diese Publikation in der Deutschen Nationalbibliografie. Detaillierte bibliografische Daten sind im Internet über http://dnb.d-nb.de abrufbar.

Inhaltsverzeichnis

Vorwort

Bist du unzufrieden und unglücklich mit deinem Leben? Möchtest du endlich ein erfolgreiches und erfülltes Leben führen, weißt aber nicht genau wie? Viele Menschen fühlen sich genauso wie du, und das ist kein Zufall.

Bereits in der Schule werden deine Fehler mit schlechten Noten bestraft. Später im Beruf hast du Angst gekündigt zu werden, wenn du zu viele Fehler machst. Es vergeht nicht viel Zeit und du beginnst Risiken zu scheuen und dich von deinen Ängsten kontrollieren zu lassen. Mit der Zeit entwickelst du dich zu einem risikoscheuen Menschen und der Gedanke an „Sicherheit" wird zum wichtigsten Begleiter deines Lebens. Mut und der Wille zur Veränderung werden in den meisten von uns unterdrückt, in anderen stirbt er vollkommen aus. Fehler zu machen und aus ihnen zu lernen ist ein wichtiger Bestandteil des „Mensch-seins". Doch du bist durch die Gesellschaft, dein Umfeld und deine früheren Erfahrungen inzwischen so sehr geprägt worden, dass du ein angsterfülltes Leben führst. Unmut und Selbstzweifel beherrschen dein Leben. Die Angst davor, Neues und Unbekanntes auszuprobieren, wird zu einem Teil von dir.

Sätze wie *„Ich gehe lieber kein Risiko ein"* und *„Lieber auf Nummer sicher gehen"* dominieren eines Tages dein Leben. Du zweifelst an deinen Fähigkeiten oder schlimmer noch, kennst deine Fähigkeiten nicht einmal, weil du deine Leidenschaft im Leben noch nicht gefunden hast. Oder sie, was noch schlimmer ist, inzwischen verloren hast und auch aufgeben hast, sie weiter zu verfolgen.

All das wird dieses Buch bereinigen. Ich will dich mitnehmen auf eine Reise, die dein volles Potenzial entfalten wird und dir aufzeigt, wie du selbst ein Erfolgsmensch werden kannst.

Egal in welchem Lebensbereich du momentan mit Problemen zu kämpfen hast. Die folgenden 39 Geschichten von einigen der erfolgreichsten Menschen dieser Welt werden dir zeigen, dass all die Hindernisse, die auf dem Weg zu einem erfolgreichen und glücklichen Leben aufkommen können, allesamt von dir überwunden werden können. Du wirst in inspirierende und motivierende Geschichten eintauchen, die deinen Horizont erweitern und dir aufzeigen werden, dass du die einzige Person auf Erden bist, die den Schlüssel zu deinem Glück in den Händen hält. Mach dich bereit. Schnall dich an. Es wird eine turbulente Achterbahnfahrt der Gefühle werden. Lass uns beginnen.

P.S. Am Ende findest du noch einen Link zu einer Facebook Gruppe, in welcher alle Leser dieses Buches sich über ihre Erfolge und Misserfolge austauschen können. Ebenso werden dort Updates zu meinen Folgebüchern in der *Erfolgsmensch-Reihe* gepostet.

Einleitung - Fortschritt braucht Rückschläge

Viel zu häufig machen wir es uns zu einfach indem wir behaupten, dass alle erfolgreichen Menschen besondere Persönlichkeiten darstellen, die etwas Großartiges geschaffen haben, und dass du selbst das niemals könntest. Wenn du allerdings genauer hinsiehst und verstehst, was erfolgreiche Menschen ausmacht, was du von ihnen für dein eigenes Leben lernen kannst, dann wirst du auch verstehen, dass keiner von ihnen etwas in seinem Leben getan hat, dass du nicht genauso gut tun kannst. Jede einzelne erfolgreiche Person hat einmal irgendwann klein angefangen, genauso wie du. Was macht erfolgreiche Menschen also aus? Woher nehmen sie den Antrieb, Risiken einzugehen und sich auch von Rückschlägen nicht aufhalten zu lassen? Ganz einfach: Erfolgreiche Menschen wissen, was sie wollen! J.K. Rowling wusste, dass sie Harry Potter schreiben will, Frank Thelen, dass er Entwicklungen nach vorne treiben will und Dustin Hofmann, dass er schauspielern will. Diese *Klarheit* wurde zur *Obsession* und gleichzeitig zum wichtigsten, glasklaren Antrieb von allen. Was unterscheidet einen erfolgreichen von einem erfolglosen Menschen? Auch das wirst du hier lernen: Erfolglose Menschen erleiden einen Rückschlag und geben auf, erfolgreiche Menschen lernen daraus und machen weiter – bis sie ihr Ziel erreicht haben. Das Wort *„Risiko"* fällt häufiger im Zusammenhang mit erfolgreichen Menschen. Doch ist dies eigentlich ein Begriff für ängstliche Menschen. Denn passender wäre *„unkonventionell"*. Auch einmal über den Tellerrand hinausschauen und die eigene Komfortzone verlassen, um etwas Neues zu wagen – das ist eine Charaktereigenschaft, die sich erfolgreiche Menschen angeeignet haben. Erfolgreiche Menschen kennen auch keine Ausreden. Schon mal gehört, dass jemand sein Karriereziel erreicht hat, indem er ständig verschlafen, zu viel gefeiert und Instagram als viel interessanter angesehen hat?

Wer Erfolg hat, lässt sich nicht aufhalten, weder durch Ablenkung, noch durch Ausreden. Erfolgreiche Menschen können gar nicht unpünktlich sein, weil sie sowieso immer an ihrer Idee arbeiten. Dadurch gewinnen sie enorm viel Wissen auf ihrem Gebiet und werden mit jeder neuen Erfahrung und jedem Fehler ein bisschen besser, schneller, effizienter und weiser. Daraufhin braucht man sich vor Herausforderungen natürlich nicht mehr zu scheuen – erfolgreiche Menschen **lieben** neue Herausforderungen. Sie wissen, dass sie jedes Mal etwas tun müssen, das ihnen Angst macht und über ihre bisherigen Fähigkeiten hinaus geht, um wahre Entwicklung zu erfahren. Sie nehmen Chancen wahr, die sich ihnen unverhofft eröffnen. Wenn sich ihnen nichts erschließt, dann suchen sie aktiv nach Mitteln und Wegen, um sich diese Chancen selbst zu erschaffen. Sie bleiben neugierig, wissbegierig und ihre Grenzen verschieben sich immer weiter nach hinten, weil sie mit ihren Erfahrungen wachsen. Und natürlich lernen erfolgreiche Menschen auch Krisen erfolgreich zu bewältigen. Sie können Probleme, Niederlagen und schmerzhafte Rückschläge verkraften und wieder neu starten, statt sich geschlagen zu geben und beleidigt auf die ganze Welt in eine Ecke zu verziehen. Diese Eigenschaft entwickelt mit der Zeit natürlich auch eine Spürnase für die richtigen Entscheidungen, was ab einem gewissen Moment nur zu Erfolg führen kann. Du wirst nun 39 Geschichten von einigen der erfolgreichsten Personen zu lesen bekommen, die die Welt je gesehen hat. Sie werden dich inspirieren, motivieren und deinen Horizont erweitern. Du wirst erfahren, was sie erreicht haben, wie sie es erreicht haben, auf welche Hindernisse sie dabei gestoßen sind, und was du aus ihren Geschichten lernen kannst.

Ich wünsche dir viel Spaß beim Lesen, und bin mir sicher, dass dieses Buch das Potenzial hat, deinem Leben eine neue Richtung vorzugeben und Hoffnung zu wecken.

Erfolgsmensch 1: Thomas Edison, Erfinder

Über Thomas Edison

Der 1847 geborene Thomas Alva Edison gilt mit seinen mehr als 1.000 Patenten als bedeutendster US-amerikanischer Erfinder. Mit seinem Unternehmen „General Electrics“ war er maßgeblich an der Elektrifizierung beteiligt. Er trieb Erfindungen, wie die der Glühbirne und des Grammophons, voran.

Seine Geschichte

Als junges Kind hatte Edison Scharlach, in Kombination mit einer heftigen Ohreninfektion, die ihn für den Rest seines Lebens in Mitleidenschaft gezogen und im Alter sogar zur Taubheit geführt hatte. Edison war ein lautes, nervöses Kind, ständig in Bewegung und schnell abgelenkt. Er galt als „schwierig“ – heute würde man sagen, er war ein hyperaktives Kind. Nach nur 12 Wochen gab die Schule ihre Versuche auf, und seine Mutter sah sich gezwungen ihn zu Hause in Michigan zu unterrichten.

Im Heft „Brennstoff", GEA Album Nr. 77, auf Seite 8 steht Folgendes zu Thomas Edison:

„Eines Tages kam Thomas Edison von der Schule nach Hause und gab seiner Mutter einen Brief. Er sagte zu ihr: *„Mein Lehrer hat mir diesen Brief gegeben und sagte mir, ich solle ihn nur meiner Mutter zu lesen geben.“*

Die Mutter hatte die Augen voller Tränen, als sie es dem Kind laut vorlas:

„Ihr Sohn ist ein Genie. Diese Schule ist zu klein für ihn und hat keine Lehrer, die gut genug sind, um ihn zu unterrichten. Bitte unterrichten Sie ihn selbst.“

Viele Jahre nach dem Tod seiner Mutter, Edison war inzwischen einer der größten Erfinder des Jahrhunderts, durchsuchte er eines Tages alte Familiensachen. Plötzlich stieß er in einer Schreibtischschublade auf ein zusammengefaltetes Blatt Papier. Er nahm und öffnete es. Auf dem Blatt stand geschrieben:
„Ihr Sohn ist geistig behindert. Wir wollen ihn nicht mehr in unserer Schule haben."

Edison weinte stundenlang und schrieb dann in sein Tagebuch:
„Thomas Alva Edison war ein geistig behindertes Kind. Durch eine heldenhafte Mutter wurde er zum größten Genie des Jahrhunderts."

Mit 11 Jahren war er unglaublich wissbegierig, verschlang Bücher aller Genres und lernte vor allem auch, wie man sich selbst etwas beibringen konnte. Unabhängig und selbstständig lernen zu können, war ihm sein Leben lang nützlich. Mit 12 Jahren konnte er seine Eltern davon überzeugen, dass er Zeitungen entlang der Zuggleise verkaufte. Er bemerkte jedoch, dass die Leser diese Artikel langweilig fanden. Bald darauf gab er seine eigene kleine Zeitung heraus, die er „Grand Trunk Herald" nannte. Die Passagiere liebten seine aktuellen und originellen Artikel. Das war das erste Mal, dass Thomas Edison sein Gespür für eine Möglichkeit einsetzte und daraus Kapital schlug. Die Abgeschiedenheit der Gleise nutzte er auch dazu, um ein kleines verstecktes Labor aufzubauen, in dem er experimentieren konnte. Leider explodierte das Labor bei einem seiner Versuche, setzte einen Wagon in Brand und verschlechterte sein Gehör noch zusätzlich. Von da an durfte er seine Zeitung nicht mehr entlang der Zuggleise verkaufen. Mit 15 Jahren begann er als Telegraph zu arbeiten. Als solcher reiste er durch das ganze Land, arbeitete hier und da, und entwickelte ein großes Interesse für Elektrizität. Um sich noch intensiver seinem Selbststudium zuzuwenden, ging er mit 19 Jahren nach Kentucky und arbeitete dort in der Nachtschicht bei einer Zeitung. So konnte er sich tagsüber dem Experimentieren widmen.

Als er 1868 wieder nach Hause zurückkehrte, fand er seine Mutter psychisch krank vor. Ihm wurde klar, dass er selbst die Verantwortung für seine Zukunft übernehmen musste. Edison ging nach Boston, der damaligen Hochburg für Wissenschaft. Er fing an, die Experimente weiter zu entwickeln, mit denen er sich all die Jahre beschäftigt hatte, und sie direkt patentieren zu lassen. So patentierte er beispielsweise eine elektronische Zählmaschine für Wahlen. Zunächst interessierte sich niemand für seine Erfindungen, doch als Edison nach NYC ging, kam der große Durchbruch.

Mit gerade einmal 22 Jahren entwickelte er den „Universal Stock Printer" und verkaufte seine Erfindung für $ 40.000. Von da an konnte er eine Erfindung nach der anderen an den Mann bringen. 1879 gelang Edison dann der ganz große Wurf: er erfand die Glühbirne. Damit führte er das Elektrolicht ein und sorgte für die Elektrifizierung New Yorks, was zur Folge hatte, dass der gesamte Westen genau dasselbe haben wollte: Licht.

Was du daraus lernen kannst

Thomas Edison hat lange vor sich her gebastelt, ganz für sich allein, bis ihm beim Anblick seiner Mutter klar wurde, dass er so nicht enden wollte. Seine Fähigkeit zur Autodidaktik, seine Leidenschaft und seine Bereitschaft, einfach einmal etwas Neues auszuprobieren, haben ihn zu dem gemacht, der er ist und unseren Alltag gleichzeitig für immer verändert. Im Laufe der Zeit wurde oft darüber geschrieben, dass Edison sich vor allem durch seine Beharrlichkeit auszeichnete und unzählige Versuche benötigte, um die Glühbirne zu erfinden (oder besser gesagt, zu verbessern. Erfunden wurde sie nämlich schon vorher. Doch erst durch ihn wurde sie tatsächlich markttauglich gemacht und folglich in großen Massen vertrieben). In manchen Quellen steht geschrieben, dass er 10.000 Versuche benötigte, um sie soweit zu verbessern. In anderen steht, er benötigte 200 oder sogar nur 100 Versuche.

Welcher Zahl man nun am ehesten Glauben schenken kann, ließ sich durch meine Recherchen nicht genau sagen. Doch stütze ich mich auf die Aussage von Napoleon Hill, aus seinem Buch „Denke (nach) und Werde Reich - Die 13 Erfolgsgesetze“, in welcher er von 10.000 Versuchen spricht. Es wird zudem behauptet, dass Edison nach 9999 misslungenen Versuchen, die perfekte Glühbirne zu bauen, nicht etwa entmutigt war, sondern gesagt habe:

"Ich habe einfach 9999 Wege gefunden, die Glühbirne nicht zu erfinden."

Hättest du es nach einem misslungenen Versuch noch weiterprobiert? Nach 5? Nach 20? Nach 70 misslungenen Versuchen? Nach 300 misslungenen Versuchen? Hättest du nach 900 gescheiterten Versuchen immer noch weitergemacht? Ob es Edison nun 10.000-mal probiert hat, die Glühbirne zu erfinden, oder nur 3.000-mal – es zeugt von einem beachtlichen **Durchhaltevermögen**.

Zum Abschluss noch zwei weitere wertvolle Zitate von Edison:

"Oft werden die größten Fehler im Leben von Leuten gemacht, die gar nicht gemerkt haben, wie ***nah*** *sie ihrem Ziel schon waren, als sie aufgegeben haben."*

"Unsere größte Schwäche ist das Aufgeben. Der sicherste Weg zum Erfolg ist immer noch, es ein weiteres Mal zu versuchen."

Erfolgsmensch 2: Stefan James, Online-Marketer

Über Stefan James

Stefan James ist erfolgreicher, millionenschwerer Internetunternehmer, Life Coach, YouTuber, Blogger, Online-Marketer und Gründer von „Project Life Mastery".

Seine Geschichte

2012 begann Stefan James mit seinem „Project Life Mastery", mit dem Ziel, anderen Menschen dabei zu helfen, jeden Aspekt ihres Lebens zu meistern, von Gesundheit über Emotionen bis hin zu finanzieller Freiheit. Sein Wunsch war es, ein transparentes und kraftvolles Beispiel dafür zu sein, was einem das Leben bieten kann. James will jedem dabei helfen, seine unentdeckten Potentiale zu finden und weiter zu entwickeln und dadurch seine Ziele im Leben zu erreichen.

Er teilt dabei selbsterprobte Konzepte, Strategien, Werkzeuge und Ressourcen; zeigt auf seinem Blog und YouTube Channel völlig offen, transparent und jedem zugänglich seine eigenen Erfolgsgeheimnisse auf. James entwickelte den „Life Mastery Blueprint", in dem es darum geht, 10 zentrale Bereiche des Lebens anzugehen: Gesundheit und Fitness, Gedanken und Glaubenssätze, Emotionen, Beziehungen, Mission und Bestimmung, Geld, Familie und Freunde, Spaß, Lebenssinn und Spiritualität. Wie kommt man auf so etwas, und macht damit dann auch noch Millionen? Als junger Mann war James sehr schüchtern und unglücklich. Er wusste nicht, wie er auf andere Menschen zugehen sollte und war daher stark verunsichert. Aber eines Tages stand er vor dem Spiegel und sagte sich, *„genug damit"*. Er beschloss, an sich zu arbeiten und niemals zuzulassen, sich mit weniger zufriedenzugeben, als er in der Lage wäre zu erreichen.

Die nächsten Jahre begegnete er seiner größten Angst – Frauen anzusprechen. Er besuchte Seminare, Veranstaltungen, bildete sich weiter und tat vor allem eins – er sprach Frauen an. Er zwang sich zu Konversationen, die anfangs noch sehr holprig und irgendwann immer angenehmer wurden. So ging er Stück für Stück seine Lebensbereiche an, in denen er sich nicht so gut fühlte, wie er glaubte, es tun zu können. Nachdem er sich anschließend ausgiebig und erfolgreich mit seinen eigenen Problemen auseinander gesetzt hatte, war es an der Zeit für ihn, sein Wissen weiterzugeben. Mit 21 Jahren gründete er in Vancouver, Kanada, ein Coaching- und Seminar-Unternehmen, welches anderen Menschen dabei helfen sollte, ihre sozialen Fähigkeiten zu verbessern, selbstbewusster zu werden und Beziehungen zu meistern. Während dieser Zeit arbeitete er auch an seiner Gesundheit, trainierte viel und nahm erfolgreich an einem Bodybuilding-Contest teil. Nachdem er dieses sich selbst gesetzte Ziel erreichte, wollte er endlich raus aus dem Hamsterrad, welches man „Job" nennt – oder wie er es selbst nennt „**J**ust **o**ver **b**roke", zu Deutsch: „gerade noch so über der Schwelle des pleite seins". Zuerst stieg er ins KDP-Business ein (E-Books schreiben und verkaufen), später dann startete er mit seinem ersten Blog im Affiliate Marketing, und so brachte er Stück für Stück alle Möglichkeiten, mit denen man im Internet Geld verdienen kann, unter einen Hut - die Gründung von „Project Life Mastery". Mit 24 Jahren verdiente er bereits eine 6-stellige Summe. Mit 27 Jahren war er schon Millionär, und heute Multi-Millionär. Er veröffentlicht jeden Monat ein Video auf YouTube über seine Erfolge und die Ziele für den kommenden Monat. In diesen Videos spricht er auch oft von seinen finanziellen Zielen, und belegt diese später auch mit Beweisen.

Was du daraus lernen kannst

Er war sehr kritisch sich selbst gegenüber, hat sich anfangs aus Unsicherheit lieber zurückgezogen, statt sich mit seinen Schwächen auseinanderzusetzen.

Erst als er es nicht mehr aushalten konnte, ging er zum Angriff über und änderte sein Leben maßgeblich. Aus dem kleinen, verschüchterten Jungen von damals, wurde ein erfolgreicher Lebenscoach und Online-Marketer. Abgesehen davon, dass Stefan James Projekt darin besteht, anderen Menschen zu helfen, zeigt er auch direkt, worum es bei jedem im Leben gehen sollte: Immer zu versuchen, das Maximum dessen zu erreichen, was dir wichtig ist. Er durchlitt viele Höhen und Tiefen auf seinem Weg nach oben. Doch wusste er, dass Beständigkeit und die tägliche Arbeit an seinen Zielen ihn eines Tages erfolgreich machen werden. Inzwischen lebt er in einer glücklichen Beziehung mit seiner Freundin Tatijana – welche zwischenzeitlich wohlgemerkt auch eine beachtliche Entwicklung, von einer gewöhnlichen Studentin zur erfolgreichen Unternehmerin, hinlegte.

Erfolg benötigt Aufopferung:

Willst du wirklich erfolgreich werden, mit dem was dir wichtig ist, oder findest du es doch interessanter, an deinem Handy zu spielen? Facebook abzuchecken, Fernseher zu schauen, Videospiele zu spielen, im Internet zu surfen, auf der Couch abzuhängen, mit Freunden auszugehen oder dich sinnlos auf Partys zu betrinken? Du musst verstehen, dass Erfolg ein Resultat von harter Arbeit ist. Und wenn du daran interessiert bist, passives Einkommen zu generieren, wie Stefan es tat, dann wirst du eine Phase der Aufopferung erbringen müssen. Du wirst deine Zeit nicht dafür verwenden können, die Dinge zu machen, die nichts zu deinem Ziel beitragen. Du wirst Opfer bringen müssen, und oftmals auch *„Nein, tut mir leid. Ich habe leider keine Zeit“* zu deinem sozialen Umfeld und den sinnlosen und ablenkenden Aktivitäten sagen müssen, wenn du wirklich erfolgreich werden willst. Denn du wirst die Zeit dafür benötigen, um an deinen Zielen zu arbeiten. Lerne also *„Nein“* zu den zahlreichen Ablenkungen zu sagen, und verstehe, dass es sich dabei nur um eine zeitlich begrenzte Phase handelt.

Gerade im Bereich des passiven Einkommens ist es so, dass dir deine Freizeit im großen Stil zurückgegeben wird, sobald du ein bestimmtes Einkommens-Level erreicht hast.

Es gäbe noch so vieles von ihm zu lernen, und auch ich könnte dir viele Dinge in Hinsicht auf den Aufbau eines erfolgreichen Online-Businesses beibringen, ebenso wie über Persönlichkeitsentwicklung und das Leben deines Traums. Doch das würde den Rahmen dieses Buches **sprengen**.

Wenn du daran interessiert bist mehr darüber zu lernen, dann schau dir mein E-Book/Buch „**Rise of the Online Entrepreneur: Schritt für Schritt ein erfolgreiches Online Business aufbauen**" an. Dort werde ich dir zeigen wie du dein eigenes Online Business starten kannst und erfolgreich Online Geld verdienst. Falls das etwas für dich ist schau es dir mal auf Amazon an. Außerdem empfehle ich dir auch meinen YouTube Channel **„Online Entrepreneur Zeitalter"** in welchem du jede Woche von mir ein neues Video zu diesem Thema zu sehen bekommst.

Erfolgsmensch 3: Michael Jordan, Basketballstar

Über Michael Jordan

Michael Jeffrey Jordan, alias „His Royal Airness", wurde 1963 in Brooklyn geboren und entwickelte sich zu einer der größten Basketball-Legenden aller Zeiten. Von 1984 bis 2003 spielte er in der US-Liga NBA, verabschiedete sich in dieser Zeit zweimal und kam doch zweimal wieder zurück. Er gewann sechsmal die NBA-Meisterschaft mit den „Chicago Bulls", 2 Goldmedaillen bei Olympia mit dem „US Dream Team", wurde fünfmal von der NBA als wertvollster Basketballspieler ausgezeichnet, und gilt laut NBA als bester Basketballer aller Zeiten. Daneben ist er noch Unternehmer, und Mehrheitseigentümer der „Charlotte Hornets".

Der 1,98m große Michael Jordan ist auch heute noch für jeden Sportler eine große Inspiration. Das liegt nicht nur an seinen Glanzleistungen, sondern auch an seiner offenen Einstellung gegenüber hartem Training und loyalem Teamgeist. Denn es war ein langer Weg, bis er es schaffte, dass jeder aus dem gegnerischen Team das Zittern bekam, sobald er das Feld betrat.

*„Ich habe in meiner Karriere mehr als **9.000**-mal den Ball falsch geworfen, ich habe fast **300** Spiele verloren, **26**-mal wurde mir vertraut, dass ich den entscheidenden Korb werfe und ich habe ihn **nicht** getroffen. Ich habe in meinem Leben immer und immer wieder versagt. Und darum habe ich es am Ende geschafft."*

- Michael Jordan

Seine Geschichte

Von klein auf, ist Michael Jordan vernarrt in Basketball und versucht daher ins Basketballteam seiner Schule zu kommen. Aber selbst mit 15 Jahren schafft er es nicht. Jordan beginnt härter zu trainieren, nutzt jede Chance, um Körbe zu werfen. Endlich schafft er es ins Team, was ihn noch mehr anstachelt. Eine Stunde bevor sein Team zum Training auftaucht ist er bereits dort und wirft Körbe, hält sich fit, feilt an seiner Technik und bleibt stets noch eine Stunde nach dem Training dort. Innerhalb von zwei Jahren macht er Talentscouts auf sich aufmerksam und bekommt ein Sportstipendium. Beim Uni-Team fielen seine Einzelleistungen zwar immer positiv auf, aber als Team gewannen sie nicht. Dies war niederschmetternd für Jordan, der sich zwar selbst als einzelner immer stärker herausforderte und weiterentwickelte, aber zur selben Zeit natürlich auch wollte, dass sein gesamtes Team siegt.

Nach der Collegezeit kam er zum bisher eher erfolglosen NBA-Team „Chicago Bulls“. In seiner ersten Saison wurde er zum besten Neuling der NBA ausgezeichnet und stellte erste Rekorde auf. Trotz all seiner Bemühungen und seiner Hingabe, gewann sein Team nicht. Das sollte sich mit dem „Neuling“ Jordan aber in Zukunft ändern. Zielstrebig, leidenschaftlich und hart trainierend erkämpfte er und sein Team den ersten Titel – und viele weitere folgten.

"Talent gewinnt Spiele, aber Teamwork und Intelligenz gewinnt Meisterschaften."

- Michael Jordan

Was du daraus lernen kannst

Michael Jordan ist im Prinzip eines der besten Beispiele dafür, wie weit man mit viel Einsatz, wirklich ausdauerndem, überzeugtem Training und Hartnäckigkeit kommen kann. Früher beim Training zu sein als alle anderen Spieler, und unermüdlich zu üben, bevor auch nur irgendjemand sonst da ist. Zu analysieren, was in der Vergangenheit falsch lief, und an seinen Fehlern zu arbeiten, bis man darin letztlich doch der beste wird – das kann man von Michael Jordan lernen.

"Wenn du versuchst etwas zu erreichen, werden auf dem Weg Hindernisse sein. Ich hatte sie; Jeder hatte sie. Aber Hindernisse müssen dich nicht aufhalten. Wenn du gegen eine Wand rennst, dreh dich nicht um und renne weg. Überlege dir einen Weg wie du darüber klettern, hindurchgehen oder um sie herum gehen kannst."

- Michael Jordan

„Ich kann Misserfolge akzeptieren, jeder versagt einmal bei etwas. Aber ich kann es nicht akzeptieren, es nicht wenigstens versucht zu haben“, fasst Jordan sein Erfolgsrezept zusammen.

Erfolgsmensch 4: Walt Disney, Cartoon-Filmmogul und Filmproduzent

Über Walt Disney

Walt Disney – allein schon seine Unterschrift kennen wir alle. Ein riesiges Imperium baute der Comiczeichner auf, trieb die Entwicklung von Zeichentrick- und Animationsfilmen voran, produzierte Filme und eröffnete Vergnügungsparks.

Seine Geschichte

Als Kind fertigte Walt Disney schon kleine Zeichnungen an und verkaufte sie an Nachbarn und Familienfreunde, um sein Taschengeld aufzubessern. 1919 entschied er sich als Zeitungszeichner anzuheuern, und traf bei seinem ersten Job im „Pesmen-Rubin Art Studio“ den Cartoon-Zeichner „Ub Iwerks“. Er begann sich schnell weiterzuentwickeln, experimentierte mit Kameras und handgezeichneten Animationen. Sein Arbeitgeber sah das anders: Mit der Begründung Walt Disney sei nicht kreativ genug, wurde er 1919 aus seinem Zeitungsjob entlassen. Davon ließ sich der junge Mann aber nicht beeindrucken. Er liebte es zu zeichnen, hatte tausende Ideen und die nötige Leidenschaft, um tagein, tagaus herum zu tüfteln. 1922 gründete er schließlich sein eigenes Cartoon-Filmstudio, welches zwar durchaus beliebte Animationen herstellte, aber leider nicht genug Geld einbrachte. Er fuhr es gegen die Wand und musste es auflösen.

Aber niemand von uns würde Walt Disney heute noch kennen, wenn er sich von solchen Beleidigungen und herben Rückschlägen hätte stoppen lassen. Denn Walt Disney hinterfragte, warum es nicht geklappt hatte, und traf eine folgenschwere Entscheidung. Er wollte nach Hollywood und dort beweisen, was er drauf hatte.

Kurzerhand packte der junge Walt seine sieben Sachen und zog mit seinem Bruder nach Kalifornien. Zusammen mit ihm erschuf er das „Disney Brother's Studios“. Es lief sehr gut, denn sie hatten direkt Investoren gefunden. Doch die Jung-Unternehmer hatten noch nicht genügend Erfahrung im harten Showbiz, und so kam es, dass die ersten Investoren ihre Trickfilmfigur stahlen. Letztendlich hatten sie sich nicht ausreichend abgesichert, so dass der vermeintliche Raub legal war. Gerade rechtzeitig lernten sie daraus, denn der vormals als unkreativ abgestempelte Cartoon-Zeichner Walt Disney kreierte schon bald seine bekannteste Figur: Micky Maus. Damit ging sein Studio auf Erfolgskurs – in Ausmaßen, die selbst Walt Disneys kühnste Vorstellungen übertrafen. Im Laufe seines Lebens wurden Walt 22 Oscars verliehen und er eröffnete gleich mehrere Vergnügungsparks.

Was du daraus lernen kannst

Walt Disney liebte die Idee von Animationsfilmen und trieb sie von Anfang an tatkräftig an. „Es macht Spaß, das Unmöglich zu tun“, wurde einer seiner Leitsätze. Der erste Bankrott tat ihm weh, aber er konnte viel daraus lernen. Mit seinem Bruder an der Seite wagte er den nächsten Schritt, fiel einige Male hin, stand aber viel häufiger wieder auf. Disneys Glaube daran, dass man seiner Leidenschaft folgen sollte, äußert sich in einer seiner vielzitierten Aussagen:

„Ein Mensch sollte sich seine Ziele so früh wie möglich stecken und all seine Kraft und sein Talent dafür einsetzen, sie zu erreichen.“

Erfolgsmensch 5: Dustin Hoffman, Schauspieler

Über Dustin Hoffman

Dustin Lee Hoffman, geboren 1937, ist aus der Filmgeschichte nicht wegzudenken. Geboren in Los Angeles ging der amerikanisch-jüdische Schauspieler für seine Ausbildung nach NYC. Er gewann zahlreiche Golden Globes und zwei Oscars – für „Rain Man“ und „Kramer gegen Kramer“. Seit den 70er Jahren prägt er die Filmwelt mit seinen Charakter-Darstellungen.

Seine Geschichte

Wer würde denken, dass auch der Weg dieses erfolgreichen Schauspielers von Selbstzweifeln und Hindernissen geprägt war? Man hört ja immer wieder, dass Musiker und Schauspieler behaupten, sie hätten bereits so lange auf ihre Entdeckung gewartet, dass sie schon selbst nicht mehr an sich und ihren Erfolg geglaubt haben. Dann schaut man auf deren Geburtsjahr und stellt fest, dass sie oder er zu dieser Zeit gerade einmal 22 Jahre alt war. Wer an sich glaubt, müsste doch länger durchhalten, bevor er kurz vor dem Aufgeben steht, oder? So wie Dustin Hoffman zum Beispiel. Der bekam seine erste große Rolle, und damit auch den Sprung aus der Armut, im Alter von 31 Jahren. Bis dahin lebte er wortwörtlich am Existenzminimum. Er schlief bei befreundeten Schauspielern auf der Couch oder direkt auf dem Flur.

Als Kind eines Filmausstatters war ihm die Nähe zur Kunst von klein auf mitgegeben. Als junger Mann wollte er Pianist werden und begann am „Santa Monica College“ sogar mit einer entsprechenden Ausbildung. Doch schon bald brach er diese ab und nahm stattdessen am „Pasadena Playhouse“ Schauspielunterricht. Der Hauptgrund für diesen Wechsel: Dabei konnte man mehr Mädchen kennenlernen.

Zusammen mit Gene Hackman, den er dort kennenlernte, beschloss er bald nach NYC zu ziehen und dort eine Schauspielausbildung zu beginnen. Doch sein Hindernislauf begann, noch bevor es dazu kam. Schauspieler waren zu dieser Zeit gut aussehende, stattliche Vorzeigemänner. Dustin Hoffman hingegen wurde gesagt, dass er keine Zukunft als Schauspieler hätte, weil er zu klein sei und zu stark jüdisch aussehe. Höchstens in NY auf der Bühne könnte es klappen, weil sein Äußeres dort besser hinpasse. Aber auch in NY war es zunächst kein Zuckerschlecken für ihn. Fünfmal musste er vorsprechen, bis er überhaupt mit dem Schauspielstudium beginnen konnte. Aber auch nach der Ausbildung folgten zunächst kaum nennenswerte Rollen. Ab und an flatterte lediglich ein Theaterangebot ein. Hoffman fragte sich, ob er überhaupt Schauspieler sei, so wenig wie er arbeitete. Um über die Runden zu kommen, hatte er diverse Nebenjobs: er putzte in einer Psychiatrie, verkaufte Spielzeug bei „Macy's" und webte hawaiianische Girlanden. Der Beginn seiner Karriere ließ lange auf sich warten und zwang ihn dazu, jede seiner Rollen, die er auf der Bühne annahm, akribisch und passioniert umzusetzen.

Mit 30 Jahren wurde ihm der Part in „Die Reifeprüfung" von Mike Nichols angeboten. Dieser bewies damals wahren Mut – denn statt einem klassischen, großgewachsenen Schönling Hollywoods eine Chance zu geben, wählte er den jungen Film-Neuling Dustin Hoffman – und machte ihn auf einen Schlag berühmt. Mit seiner Darstellung, eines glaubwürdigen echten Mannes statt einer stilisierten Hollywood-Ikone, gewann er die Herzen der Zuschauer und traf den Nerv der Zeit. Die langandauernde Periode der Hollywoodsternchen, die allesamt aussahen wie aus dem Ei gepellt, war spätestens damit endgültig vorbei. Die Welt war reif für weniger perfekte und damit echte, starke Persönlichkeiten.

Was du daraus lernen kannst

Die Unsicherheit der ersten zehn Jahren seines Schauspielerdaseins, nicht gut genug auszusehen, nicht dem Standard zu entsprechen und auch nicht gewollt zu sein, prägen seine Arbeitshaltung bis heute. Er gilt als Arbeitstier, einer der sich für seinen Beruf – und seine Berufung – aufopfert und sich bis ins kleinste Detail vorbereitet. Sicherlich ist dies einer der Hauptgründe für seinen Erfolg.

Erfolgsmensch 6: Frances McDormand, Schauspielerin

Über Frances McDormand

Die 2-fache Oscar-Gewinnerin, für „Fargo“ und „Three Billboards outside Ebbing, Missouri“, wurde als Baby von Unbekannten vor die Tür eines Predigers abgelegt und letztlich von ihm und seiner Frau adoptiert. 60 Jahre später lebt Frances McDormand in einer seit 30 Jahren glücklich andauernden Ehe und hat sich sowohl mit Film-, als auch mit Bühnenauftritten einen erstklassigen Ruf sowie eine goldene Nase verdient.

Ihre Geschichte

Zu der Zeit, als die junge McDormand zusammen mit Holly Hunter nach L.A. in eine WG zog, hatte sie sich bereits einiges anhören müssen. Ihre Schauspiel-Lehrer waren der Überzeugung, dass sie nicht besonders begabt sei und sich aus diesem Grund viel mehr anstrengen müsste, als andere, bessere, gleichaltrige Schauspieler. Damit jedoch nicht genug: Bei den Casting-Agenturen eckte sie stets an. Mal war sie nicht blond, und mal nicht schön genug und insgesamt einfach nicht in eine Schublade zu stecken. Ihr wurde prophezeit, dass sie niemals Hauptrollen spielen könnte, weil sie dafür einfach nicht ausreichend hübsch und talentiert sei.

„Mir wurde oft gesagt 'Sie ist nicht hübsch genug. Sie ist nicht groß genug. Sie ist nicht fett genug.' Ich dachte: 'Ok. Irgendwann werdet ihr nach wem Ausschau halten, der dies und das nicht, nicht, nicht, nicht ist und da werde ICH sein.“

- Frances McDormand

McDormand war nicht aufzuhalten. Voller Inbrunst stürzte sie sich auf jede Rolle, die sie kriegen konnte, nahm noch mehr Unterricht und setzte die Kritik noch besser um. McDormand sagte sich, dass sie lieber glaubwürdige und echte Frauen, die eben nicht perfekte waren, in Nebenrollen verkörpern will – statt gar nicht zu spielen! Ihre erste Hauptrolle bekam sie schließlich auch nur durch Zufall. Ihre Mitbewohnerin Hunter konnte eine Filmrolle nicht annehmen und schickte stellvertretend Frances hin. Sie brillierte nicht nur in dem Film „Blood Simple", sondern fand in dem Regisseur Joel Coen auch noch die Liebe ihres Lebens. Mit ihm und seinem Bruder sollte sie Jahre später „Fargo" drehen. Für den sie als beste Schauspielerin – wohlgemerkt in einer Hauptrolle – ausgezeichnet wurde. Es folgten zahlreiche kleinere und größere Rollen. Sie avancierte zur beliebten Charakterdarstellerin, spielte nebenbei noch leidenschaftlich am Theater und gewann mit 60 Jahren ihren zweiten Oscar für „Three Billboard Outside Ebbing, Missouri".

Was du daraus lernen kannst

Frances McDormand gilt als Powerhouse: obsessiv, akribisch, hart arbeitend, ohne Umschweife und mit größter Konzentration geht sie an ihre Rollen, ans Set und auf die Bühne. Sie behält ihr Privatleben für sich, meidet größere Events und lebt für die Arbeit. Sie hat sich die Kritik ihrer Lehrer und Caster einverleibt – auch wenn heute keiner mehr glauben mag, dass sie jemals untalentiert war. Und genau das ist das, was jeder aus ihrem Beispiel lernen kann: Nimm Kritik nicht persönlich, sondern setze sie um, arbeite hart und liebe, was du tust.

Erfolgsmensch 7: Robert Kiyosaki, Bestsellerautor und Unternehmer

Über Robert Kiyosaki

Der 1947 geborene Millionär Robert Toru Kiyosaki ist erfolgreicher Motivations-Unternehmer in Sachen Finanzielle Intelligenz und Buchautor des Bestsellers „Rich Dad Poor Dad“, in dem er Unternehmern Tipps gibt, wie man Fehlschläge, wie er sie selbst erleiden musste, vermeiden kann. Dabei stammen die Ratschläge von seinem Mentor bzw. „reichen Vater“, wie er ihn selbst liebevoll nannte.

Seine Geschichte

Der Hawaiianer mit japanischer Abstammung diente bei der Marine und zog in den Vietnamkrieg. Anschließend arbeitete er für einige Monate bei „Xerox“ um das Verkaufen zu lernen, bevor er seine erste eigene Idee, die er als lohnenswert empfand, in Form eines Unternehmens umsetzte.

1977 gründete Kiyosaki sein erstes Unternehmen namens „Rippers“. Er verkaufte Brieftaschen aus Velcro und Nylon – sogenannte „Surfer Wallets“. Es entwickelte sich zu einem Multi-Millionen-Dollar-Geschäft. Da Kiyosaki zu diesem Zeitpunkt noch wenig Erfahrungen in diesem Bereich hatte, machte er zahlreiche Fehler und verlor dadurch eine Menge Geld. Er hatte keine ausreichende Erfahrung im Bereich Patente und Trademarks. Folglich sparte er an der falschen Stelle, nämlich daran, sein Produkt patentieren zu lassen, und verlor somit eine Menge Umsatz an seine Konkurrenten, die plötzlich wie Pilze aus dem Boden schossen und ihn mit niedrigeren Preisen vom Markt drängten. Den Profit, den er aus diesem Geschäft zog, war somit nicht mehr ausreichend. Ohne Patent konnte nun jeder dieselben Surfer Wallets vertreiben.

So entschied sich Kiyosaki dazu, Heavy Metal Band-Shirts zu vertreiben. Eine kurze Zeit lang war er damit auch sehr erfolgreich, doch dann wurden andere Musikrichtungen populärer und der Verkauf von Heavy Metal Band-Shirts lohnte sich nicht mehr für ihn. Ihm kam keine weitere, überzeugende Idee und so kam es, dass er 1985 bankrott dastand, obdachlos und verschuldet mit 850.000 Dollar.

Ohne einen Job und komplett am Boden zerstört, blieb Kiyosaki viel Zeit sich darüber Gedanken zu machen, was schief gelaufen war. Er glaubte daran, dass andere Jungunternehmer all diese Fehler auch kennen sollten. Er stieß auf Marshall Thurber und sein Motivations-Seminar „Money and you", in dem er darüber lehrte, wie man finanzielle Niederlagen und Rückschläge vermeiden kann, und wie man erfolgreich wird. Begeistert von der Thematik und dem Konzept stieg er schnell als Lehrer ein. Das Lehren entpuppte sich schließlich als eine seiner größten Leidenschaften, und dass obwohl er die Schule in seiner Jugend über alles gehasst hatte. Bereits nach kurzer Zeit konnte Kiyosaki zusammen mit D.C. Cordova das Unternehmen aufkaufen. Unter diesen beiden florierte die Seminarreihe dermaßen, dass Kiyosaki mit 47 Jahren verkündete, dass er nun in Rente ginge. Diese Zeit nutzte er, um sein Buch „Rich Dad Poor Dad" zu verfassen. Es wurde von zahlreichen Verlagshäusern abgelehnt, und so brachte er es schließlich im Selbstverlag heraus. Im Nachhinein war es ein Schlag ins Gesicht für jeden einzelnen Verlag, denn das Buch wurde zum New York Times Bestseller und machte Kiyosaki letztendlich berühmt.

Was du daraus lernen kannst

Kiyosaki hat immer nach Möglichkeiten gesucht, um aus seinem Tief wieder hochzukommen, selbst als er hochverschuldet auf der Straße gelandet ist. Nicht aufzugeben, optimistisch zu bleiben, selbst wenn man alles verliert, das ist etwas, was man von Kiyosaki und seiner Geschichte lernen kann.

Und dann auch noch den Mut und die Ehrlichkeit zu haben, und über seine Rückschläge zu berichten, um andere Menschen möglichst davor zu bewahren, genau das machte ihn letztendlich reich.

An dieser Stelle muss ich erwähnen, dass diese kurze Biografie dem Mann, von dem ich persönlich so unglaublich viel lernen konnte, nicht ganz gerecht wird. Solltest du daran interessiert sein, deine *Finanzielle Intelligenz* weiterzuentwickeln und zu verstehen, warum arme Menschen immer ärmer, und reiche Menschen immer reicher werden, dann lege ich dir wärmstens die *„Rich Dad Poor Dad“* Bücher ans Herz!

Erfolgsmensch 8: Steve Jobs, Apple-Begründer

Über Steve Jobs

Steve Jobs gründete zusammen mit Steve Wozniak „Apple". Entwickelte die ersten massentauglichen Computer, revolutionierte die Technikwelt, brachte u.a. den iPod und das iPhone heraus. Der Multi-Millionär verstarb 2011 an Krebs.

Alles an Jobs scheint ein wenig anders zu sein, als bei anderen Menschen: So kam Steven Paul Jobs unter dem Namen Abdul Lateef Jandaali, als uneheliches Kind einer Amerikanerin und eines Syrers, in San Francisco zur Welt. Seine biologischen Eltern gaben ihn zur Adoption frei und so wurde er schließlich von Paul und Clara Jobs adoptiert, die ihn in Steven Paul Jobs umbenennen ließen. Dieser eher holprige Einstieg ins Leben konnte Steve Jobs jedoch nicht davon abhalten, ein erfolgreicher Entwickler und Unternehmer zu werden.

Seine Geschichte

Zunächst interessierte sich der junge Steve Jobs für Kunst und begann diese am „Reed College" in Oregon zu studieren. Nach einem Semester stellte er jedoch fest, dass er sich mehr für östliche Philosophie und LSD interessierte. So zog Jobs in eine Hippie-Kommune nach Oregon und half u.a. beim Apfelanbau mit. Nach einer kurzen Verweildauer als Spieleentwickler bei „Atari", zog es ihn auf der Suche nach Erleuchtung nach Indien. Etwas desillusioniert kam er bald wieder zurück und stellte fest, dass sein Freund Steve Wozniak an einem interessanten Projekt arbeitete. Schnell kamen sie zusammen und begannen mit der Arbeit – es handelte sich um einen Computer, der so sein sollte, wie ein Volkswagen:

„Wir brauchten einen Volkswagen. Der Volkswagen ist nicht so schnell und komfortabel wie andere Autos, aber die Besitzer eines VW's können damit hinfahren, wo sie wollen, wann sie wollen und mit wem sie wollen. Die VW-Besitzer haben die persönliche Kontrolle über ihren Wagen."

So etwas als Computer herzustellen, das war der Traum von Steve Jobs und Steve Wozniak. Sie gründeten das Unternehmen „Apple". Es folgte eine Phase voller Höhen und Tiefen: Zunächst fanden sie einen Investor und der erste Apple lief einwandfrei - dafür der folgende Apple-Computer leider gar nicht. Steve Jobs wurde ungeduldig und trieb das folgende Projekt (LISA) so energisch voran, dass er letztendlich auf Grund seines Temperamentes der Projektgruppe verwiesen wurde. Daraufhin entwickelte er als Nebenprodukt mit einem anderen Team den Macintosh. Als LISA dann floppte, setzte „Apple" voll und ganz auf den Mac, der auch tatsächlich ein Riesenerfolg wurde. Steve Jobs sah sich als Retter des Unternehmens. Aber nach einem Jahr fielen die Verkaufszahlen, was er jedoch nicht wahrhaben wollte. Bedingt durch seine Sturheit und sein Temperament, flog er schließlich auch aus seinem eigenen Unternehmen. In seinem Stolz verletzt, verreiste er für einige Monate. Er war am Boden zerstört – „Apple" war sein Leben, und nun durfte er nicht einmal mehr ein Teil davon sein. Aber Jobs hatte keine Chance – „Apple" wollte ihn nicht zurück.

Einige Monate lang überlegte er was er tun konnte und kam schließlich auf die Idee, eine neue Computer-Firma zu gründen. Mit seiner neuen Firma „NeXT" entwickelte er den NeXT Cube, der zwar als sehr gut galt, aber auch als zu teuer. Daraufhin brachte er eine günstigere, abgespeckte Version auf den Markt – doch auch diese floppte. „NeXT" kam bei den Usern nicht an und er verlor Unsummen an Geld.

Steve Jobs war gescheitert und musste sich damit begnügen ein kleines Nischen-Software-Unternehmen zu haben. Niedergeschlagen versuchte Jobs sein Glück im Privatleben zu finden, und widmete sich vermehrt seiner Frau und seinem Kind Reed.

Währenddessen lief es auch bei „Apple“ nicht sonderlich gut. Ein neuer Geschäftsführer wurde eingesetzt, den Steve Jobs davon überzeugen konnte, das NeXT-System für das nächste Apple-Produkt zu nutzen. Schließlich konnte er ihn sogar dazu überreden, ihm die gesamte Firma für 400 Millionen Dollar abzukaufen. Nebenbei investierte er noch in die Gründung des Animationsfilm-Studios „Pixar“. Wohlgemerkt war er aber nur ein Investor, nicht einer der Gründer von „Pixar“, welches mittlerweile ein erfolgreicher und bekannter Teil von Walt Disney ist.

„Apple“ war in der Zwischenzeit auf dem absteigenden Ast und der damalige CEO wurde abgesetzt. Nun konnte Steve Jobs als Übergangschef nochmals beweisen, was er drauf hat. Und diese Chance nahm er bis zur Erschöpfung wahr. Jobs arbeitete so hart, dass er nach der Arbeit gar nicht mehr sprechen konnte. In dieser Zeit brachte er den iMac heraus, die erste große innovative Idee nach dem Macintosh – und der iMac schlug ein wie eine Bombe. Nach drei Jahren harter Arbeit hatte Steve Jobs das von ihm gegründete und geliebte Unternehmen nicht nur wieder ins Spiel, sondern auch an die Spitze gebracht. Weitere Innovationen wie das iPod und der iPad folgten und sorgten dafür, dass „Apple“ die Nummer 1 blieb.

Was du daraus lernen kannst

Steve Jobs war nicht einfach talentiert, sondern obsessiv. Seine Arbeit zu lieben und für sie zu leben, ist der Schlüssel seines Erfolgs. So sagte Steve Jobs einmal:

> *„Eure Arbeit wird einen großen Teil eures Lebens einnehmen und die einzige Möglichkeit, wirklich zufrieden zu sein, ist, dass ihr glaubt, dass ihr großartige Arbeit leistet. Und der einzige Weg, großartige Arbeit leisten zu können, ist zu lieben, was ihr tut. Wenn ihr das noch nicht gefunden habt, dann haltet die Augen offen. Mit eurem ganzen Herzen werdet ihr wissen, wenn ihr es endlich gefunden habt. Wie in jeder guten Beziehung, wird es im Laufe der Jahre immer besser werden. Also haltet so lange danach Ausschau, bis ihr es findet. Gebt euch nicht mit weniger zufrieden."*

Erfolgsmensch 9: Warren Buffet, Großinvestor und Unternehmer

Über Warren Buffet

Der Amerikaner Warren Buffet, auch bekannt als „Orakel von Omaha“, geboren 1930 in genau diesem Omaha in Nebraska, gilt als Investment-Guru und ist einer der reichsten Menschen der Welt.

Seine Geschichte

Warren's Vater war Aktienhändler und so kam es wohl auch dazu, dass er seine ersten Aktien schon mit 11 Jahren kaufte. Später sollte er Witze drüber machen, dass dies schon viel zu spät gewesen wäre. Die damalige Aktie lag bei $ 38 pro Stück und sank nach seinem Kauf auf $ 27. Der junge Warren blieb jedoch geduldig oder auch stur, und verkaufte die Aktien erst wieder als sie auf $ 40 anstiegen. Kurz nach seinem Verkauf schossen sie jedoch nochmals hoch, auf $ 200. Buffet sagt heute, dass dies eine wichtige Lektion für ihn gewesen sei – denn Investitionen brauchen Zeit und Geduld. Er sagte einst:
„Ich bestehe darauf, dass viel Zeit aufgewendet wird, um zu denken. Ich lese, denke und mache wenige impulsive Entscheidungen.“
Jede Geldsumme, die man investiert, muss mit Bedacht eingesetzt werden – neben dem Glauben an das Projekt und dem Hintergrundwissen, muss man ganz einfach auch wahnsinnig **geduldig** sein. Er verstand sofort, dass eine aufmerksame Beobachtung wichtig war – und eben auch Sitzfleischfleisch erforderlich war.

Mit 13 Jahren fertigte er seine erste Steuererklärung an, da er ein Pferderennen-Wetten-Tipp-Blatt verkaufte. Er setzte sich damit intensiv auseinander und fand heraus, dass er seinen Rat mit $ 35 absetzen konnte.

Fortlaufend fand der umtriebige Buffet neue Wege, um ein wenig Geld zu machen und lernte so stetig dazu. So kaufte er gemeinsam mit einem Freund einen Flipper, welchen sie in einem Friseurgeschäft aufstellten. Nach einigen Monaten konnten sie sich durch die Einnahmen einen zweiten Flipper-Automaten leisten. Innerhalb kürzester Zeit besaß Buffet somit an drei verschiedenen Orten mehrere Automaten, und verkaufte dann sein erstes kleines Unternehmen. Seinem wirtschaftlichen Interesse folgend, studierte Buffet Wirtschaft und Ökonomie, und ging dafür an die „Columbia Universität" nach New York, um unter dem damals führenden und innovativen Ökonomen Benjamin Graham zu studieren. Bevor er jedoch sein eigenes Unternehmen gründen sollte, arbeitete er zunächst für seinen angebeteten Mentor als Analyst. Hochmotiviert schaute er ihm genau auf die Finger, analysierte jeden Zug und lernte so viel dazu, wie er nur konnte. Schließlich gründete er 1956, mit 100 Dollar Eigenkapital und 105.000 Dollar von seiner Familie zur Unterstützung, die „Buffet Partnership". 1969 löste er die Partnership auf – 105 Millionen Dollar war das Unternehmen zu diesem Zeitpunkt wert. Fortan investierte er erfolgreich in verschiedene Unternehmen und hatte den richtigen Riecher in Sachen Aktien. Sein Privatvermögen liegt heute bei geschätzten 80 Milliarden Dollar.

Was du daraus lernen kannst

Sicherlich ist es einer der wichtigsten Rückschlüsse aus den Erfahrungen des Warren Buffets, schon früh seine unternehmerischen Ideen umzusetzen, jede Möglichkeit wahr und auch ernst zu nehmen. Er ist ein Pragmatiker, der weiß, dass Investitionen auch einmal nicht das einbringen können, was man sich erhofft hatte. Dann heißt es ruhig bleiben, denn „Das Wichtigste, wenn Sie sich in einem Loch wiederfinden, ist es, aufzuhören zu graben", sagte er einst. Handle nie impulsiv und schau immer nach vorne. Das kann man von Warren Buffet lernen.

Erfolgsmensch 10: Bill Gates, Microsoft-Gründer

Über Bill Gates

Bill Gates, Jahrgang 1955, ist Co-Gründer des größten Softwareunternehmens der Welt „Microsoft“ und revolutionierte damit die Technikwelt. Mit 31 Jahren wurde er zum Millionär. Heute gilt Bill Gates als einer der reichsten Menschen der Welt. 2014 verließ er „Microsoft“, um sich vollständig seiner „Bill and Melinda Gates Foundation“ zu widmen und als Humanist tätig zu sein.

Seine Geschichte

Der umtriebige, junge Bill Gates gründete schon als Schüler zusammen mit seinem Freund Paul Allen die Firma „Traf-O-Data“. Gemeinsam entwickelten sie ein Gerät, welche Autos automatisch zählen konnte, was bis zum damaligen Zeitpunkt noch per Hand vonstattenging. Eine super Idee also. Investoren interessierten sich dafür und setzten das Gerät einem Test aus – bei dem es *versagte*. Das mit dem automatischen Zählen funktionierte einfach nicht. Die Jungunternehmer schmissen hin. Aber wie aus den meisten Rückschlägen, so konnten auch Bill Gates und Paul Allen vieles aus dieser Zeit lernen, so zum Beispiel wie wichtig Programmieren ist, damit etwas auch funktioniert. Gates und Allen setzten sich auf den Hosenboden und lernten also das Programmieren. Gleichzeitig war Gates auf Wunsch seiner Eltern an der Harvard University für Jura eingeschrieben. Nur halbherzig studierte er vor sich her, kam jedoch trotzdem ganz gut durch die Klausuren. Seine Herzensangelegenheit aber wurde das Programmieren und das Entwickeln gemeinsamer Ideen mit seinem jahrelangen Freund Allen. 1975, nach 2-jährigem Jurastudium, verließ er die Universität, um gemeinsam mit Paul Allen „Microsoft“ zu gründen.

Der Start war wackelig, denn beide hatten ja bis dato noch keine Erfahrung damit, wie man ein Unternehmen führt. Doch schon vier Jahre später machte das Unternehmen Millionenumsätze und mit 23 Jahren setzte sich Bill Gates an die Spitze des Unternehmens.

Bill Gates entwickelte sich zu einem extrem hartarbeitenden, unnachgiebigen und anstrengenden Chef. Er ging davon aus, dass alle in der Firma die gleiche Liebe und Aufopferung für das Unternehmen aufbrachten. Gates arbeitete Tag und Nacht, und schlief mitunter in seinem Büro. Er brachte Software wie Microsoft Office auf den Markt und gelangte damit an die Spitze des Computermarktes. Da Gates bewusst darauf achtete, dass seine Software auch nur mit anderen Microsoft-Produkten kompatibel war, hatte er bald die „Federal Trade Commission“ auf Grund unfairer Marketing Praktiken am Hals. Für den wettbewerbsdenkenden Bill Gates, eine Frechheit. Letztlich ging es auf und ab für „Microsoft“ und Bill Gates lernte rasant aufzuspüren, welche technologischen Entwicklungen gerade von den Kunden gewünscht wurden. Heutzutage ist zu 80 % alles, was auf unseren Rechnern läuft, von „Microsoft“ entwickelt worden. Darum sieht sich Bill Gates, der mittlerweile nur noch zusammen mit seiner Frau Melinda für seine Foundation tätig ist, zu Recht als Teilhaber der Software-Revolution.

Was du daraus lernen kannst

Rückblickend ist Bill Gates davon überzeugt, dass ihm **jeder** Rückschlag in seinem Leben **mehr** gebracht hat, als alles andere.

„Erfolg ist ein schlechter Lehrmeister. Er täuscht selbst den Schlauen vor, dass sie sich nicht irren können.“

- Bill Gates

Bill Gates hat extrem hart daran gearbeitet, seine Vision eines technologisierten Umfelds wahr werden zu lassen. Mittlerweile setzen sich Bill und seine Frau damit auseinander, wie sie Krankheiten, Hunger und Armut in der Welt bekämpfen können. Immerhin gehört er seit geraumer Zeit zu den reichsten Menschen der Welt.

„Meine Frau und ich haben lange darüber geredet, wie wir den ganzen Reichtum, über den wir glücklicherweise verfügen, nehmen und so einsetzen können, dass er den bestmöglichen positiven Einfluss auf die Welt hat."

- Bill Gates

Seitdem ist aus dem harten Chef, der nie aufhören konnte zu arbeiten, ein inspirierender, sanfter Philanthrop geworden.

Erfolgsmensch 11: Oprah Winfrey, Talkshow-Queen

Über Oprah Winfrey

Die 1954 geborene Multi-Millionärin Oprah Winfrey gilt als die erfolgreichste TV-Moderatorin der Welt und ist außerdem als Schauspielerin und Produzentin tätig. Laut dem Magazin „Forbes“ verdiente sie ihm Zeitraum von 2009 bis 2010 rund 315 Millionen Dollar.

Ihre Geschichte

Oprah Winfrey's Leben stand zu Beginn alles andere als unter einem guten Stern. Sie wuchs in den 50er und 60er Jahren in einem kleinen Dorf in Mississippi auf. Mehrfach wurde sie von Verwandten und Freunden ihrer Mutter missbraucht. Als sie mit 14 ungewollt schwanger wurde, verstarb das Kind kurz nach der Geburt. Schließlich zog sie zu ihrem Vater nach Nashville, der dort als Friseur und Geschäftsmann lebte. Nach vielen qualvollen und brutalen Jahren konnte sie bei ihrem Vater endlich etwas zur Ruhe kommen und sich Gedanken über ihre Zukunft machen. Sie studierte an der „Tennessee State University“ und begann beim Radio und TV Sender in Nashville zu arbeiten. Vom Nachrichtensender in Baltimore über die Morgensendung in Chicago bekam sie ihre eigene Show: Die „Oprah Winfrey-Show“ war geboren. Nach all den schrecklichen Erfahrungen in ihrer Kindheit kam endlich der ersehnte Erfolg, die finanzielle Sicherheit und seit 1986 mit Stedman Graham auch die große Liebe in ihr Leben.

Erst 1994 kam der erste Knackpunkt in ihrer Karriere: die gängigen Talkshows nahmen immer mehr und mehr geschmacklose und voyeuristische Formen an. Oprah machte sich dafür stark, dass sie ihre Sendung so weiterführen durfte, wie bisher.

Daraufhin sanken die Zahlen zunächst rapide, aber bald änderte sich dies wieder, als die Zuschauer bemerkten, dass sie bei Oprah etwas Anderes geboten bekommen. Damit stieg ihre Popularität noch weiter an als zuvor.

Bis 2011 saß sie auf dem Sofa bei ihrer eigenen Show und begeisterte das Publikum. Danach beendete sie ihre Moderatorinnen-Karriere, und produziert seitdem als Eigentümerin von *„HARPO Productions"* viele weitere erfolgreiche TV-Formate. Trat hin und wieder als Schauspielerin auf, veröffentlichte Bücher oder hielt bahn-brechende Reden beim Golden Globe.

Was du daraus lernen kannst

Manche Menschen lassen sich von den Schicksalsschlägen ihrer Kindheit einschüchtern und ihr Leben damit für immer zerstören. Vielleicht hat Oprah Winfrey gerade ihre schreckliche Kindheit dazu angetrieben, es besser zu machen, als ihre Mutter und deren Freunde. Sie dazu angetrieben, ein besserer Mensch zu werden und etwas im Leben zu erreichen. Armut und Gewalt trieben sie dazu an, besonders hart an sich zu arbeiten und die Augen offen zu halten für Möglichkeiten. Wenn wir etwas von Oprah Winfreys Karriereweg lernen können, dann dass wahrhaftig keine reiche oder auch nur halbwegs unterstützende Familie notwendig ist, damit man Erfolg hat. Der Glaube an einen selbst und die Bereitschaft hart zu arbeiten, können Berge versetzen.

Erfolgsmensch 12: Lars Hinrichs, Xing-Gründer

Über Lars Hinrichs

Lars Hinrichs ist erfolgreicher Unternehmer und Gründer des Internet-Netzwerks für Privat- und Business-Kontakte „Xing".

Seine Geschichte

Lars Hinrichs erste Idee war eine Website mit dem Namen „politik-digital.de", über die er bereits einige Aufmerksamkeit erlangte. Kurz darauf erstellte er mit seinem Freund Peer-Arne Böttcher „Jackie Strike", eine virtuelle Präsidentschaftskandidatin. Mit Böttcher hatte er ein Jahr zuvor schon, mit gerade einmal Anfang 20, die Kommunikationsagentur „Böttcher-Hinrichs" gegründet und sah sich damit schon auf Erfolgskurs. Der spätere „Xing"-Gründer sagt heute über diese Zeit:

„Wir haben jeden Fehler gemacht, den wir machen konnten."

Denn diese Agentur ging nach zwei Jahren insolvent und der Hamburger Hinrichs hatte tatsächlich einiges daraus gelernt.

„Das war mein MBA in Echtzeit, ein sehr teurer MBA."

Zwei Jahre lang zog er sich zurück und arbeitete an seiner neuesten Idee. Grübelte, wie er es dieses Mal besser machen konnte, informierte sich, analysierte seine Fehler.

2003 gründete er dann den „Open Business-Club", heute bekannt als „Xing". Gleichzeitig gründete er die Investmentgesellschaft „Cinco Capital".

Bis 2009 leitete er als CEO „Xing", trat dann zurück und verkaufte die Plattform schließlich für 48 Millionen Euro. Hinrichs saß zu dieser Zeit bereits an einer neuen Idee – „HackFwd". Er wollte damit Menschen motivieren, ihre eigenen Unternehmen zu gründen.

Ein Jahr lang sollte dann das bisherige Gehalt weiter gezahlt werden. 16 Unternehmen konnte er damit fördern, bevor er das Projekt nach drei Jahren wieder beendete. Daraufhin entwickelte er den „Apartmenturm“ in Hamburg, welches voll ausgestattet mit Smart-Home-Technologie ist.

Was du daraus lernen kannst

Für jedes seiner Unternehmen führt Hinrichs eine Fehlerliste. „Ich will Fehler einfach nicht zweimal machen“, sagt Hinrichs. Denn nur dafür sind Misserfolge ja schließlich da. Lars Hinrichs brannte und brennt immer noch für jede einzelne seiner Ideen und Projekte. Das ist auch etwas, das ihn zu seinem Erfolg führte.

„Ich arbeite überhaupt nicht. Ich gehe meiner Leidenschaft nach.“

- Lars Hinrichs

Immer weiter zu machen, auch wenn man einmal einen Tiefpunkt erreicht, das war für ihn das Entscheidende in seinem Leben.

Erfolgsmensch 13: Richard Branson, Virgin-Group Begründer

Über Richard Branson

Sir Richard Branson ist der schillerndste aller Unternehmer. Er begann in den 70er Jahren mit „Virgin Records" und besitzt heute das multinationale Unternehmen „Virgin Group". Branson ist außerdem für seine Abenteuerlust und seinen sportlichen Ehrgeiz bekannt. Heute ist der 1950 geborene Brite Milliardär – und weiterhin höchst umtriebig.

Seine Geschichte

Man könnte denken, dass jemand mit solch einer Lust an Neuem, einer extrem wachen Art, Abenteuerlust und Unternehmergeist, schon immer ein Glanzlicht gewesen ist. Doch der Sohn einer Stewardess und eines Barista (Barkeeper) ließ es langsam angehen. In der Schule war er alles andere als ein Glanzlicht. Mit 13 Jahren musste er die Schule wechseln, wurde auf ein Internat geschickt und beendete mit 16 Jahren endgültig seine Schullaufbahn. Der Musikfan gründete direkt darauf ein kleines Magazin namens „Student" und schaffte es, dafür Stars wie Mick Jagger zu interviewen. Umgeben von zahlreichen Musikern in London kam ihm die Idee, ein Schallplattenversand-Unternehmen aufzubauen. Da er und all seine Mitarbeiter neu in der Branche waren, nannte er es „Virgin". Die Firma war vor allem dazu gedacht, um das Magazin weiter zu finanzieren. Es lief gut für „Virgin", so dass er einen Plattenladen in der Oxford Street eröffnen konnte. Dieser lief tatsächlich sehr gut, woraufhin Branson 1972 sein Tonstudio „Virgin Records" in Oxfordshire aufmachen konnte.

Kontinuierlich konnte Branson, nicht zuletzt durch all seine Erfahrungen, sein Unternehmen immer weiter ausbauen.

Er nahm zu allererst Mike Oldfield unter Vertrag, mit dem er direkt einen Superhit landete. Daraufhin konnte er weitere aufstrebende Newcomer unter Vertrag nehmen, wie die *Sex Pistols* und *Genesis*. 8 Jahre später, in 1980, erweiterte Branson sein Unternehmen um das Voyager Reiseunternehmen, die „Virgin Atlantic“ und „Virgin Megastores“. Sein Höhenflug wurde jedoch Anfang der 90er Jahre gestoppt. „Virgin“ hatte finanzielle Probleme und Branson musste das Unternehmen an EMI verkaufen. Nach dem Verkauf war er am Boden zerstört, hatte aber immerhin noch 1 Milliarde Dollar dafür kassiert.

Branson ließ sich nicht kleinkriegen, hatte er doch schon so viel über das Musikgeschäft gelernt. Ein Jahr nach dem Verkauf gründete er den Radiosender „Virgin Radio“. 1996 konnte er ein neues Musiklabel gründen, „V2“, bei dem Musiker wie Tom Jones unter Vertrag kamen. Die „Virgin Group“ wuchs jedes Jahr um eine weitere neue Attraktion, ob nun im Bereich Brautkleider, Handys oder bei der Formel 1 – es gab nichts, was Bransons riesiges Unternehmen nicht ausprobierte.

Aus dem Schulabbrecher Branson wurde ein wagemutiger, milliardenschwerer, extrem abenteuerlustiger und forscher Unternehmer, mit großer Leidenschaft für das, was er tut. Er liebt die Herausforderung, erweckt auch mit sportlichen Höchst-leistungen Aufmerksamkeit und lebt privat wie auch unternehmerisch immer am Limit. Nur selten sieht man ein Bild eines ernst drein blickenden Bransons. Vielmehr ist es immer ein sehr menschliches, offenes Bild, was er wiederspiegelt. Obwohl er eher der Typ ist, der in voller Geschwindigkeit gegen die Wand läuft, als der, der nur langsam und vorsichtig drumherum läuft, so liebt er das, was er tut doch zu sehr, als dass er nicht jeden Schritt in vollen Zügen genießen würde. Als herausragender britischer Unternehmer wurde er 1999 zum Ritter geschlagen.

Was du daraus lernen kannst

Richard Branson liebt das, was er tut. Inhaltlich war es schon immer die Musik und der Sport, für das er am meisten brannte, aber allein die Herausforderung etwas Neues auszuprobieren, reizt ihn jedes Mal von neuem.

„Ein Unternehmen muss einen mitreißen, Spaß machen und die kreativen Instinkte stimulieren“, sagte er.

Er ist ein Mensch mit einem guten Gespür, der weiß, wen er auf welchen Posten haben will und wem er vertraut.

„Bei der zweiten oder dritten Gründung lernt man, wie wichtig es ist, Aufgaben an Menschen zu delegieren, die das Alltagsgeschäft viel besser im Griff haben.“

Dabei hat er den klassischen Ansatz eines Philanthropen, was seine Mitarbeiter angeht:

„Behandeln Sie Menschen wie Blumen: Sie gedeihen nur, wenn sie regelmäßig gegossen und pfleglich behandelt werden.“

Und auch für ihn gehören Tiefschläge selbstverständlich dazu:

„Niemand kriegt beim ersten Mal alles richtig hin. Was uns ausmacht, ist, wie wir aus unseren Fehlern lernen.“

Erfolgsmensch 14: Travis Kalanick, UBER-Gründer

Über Travis Kalanick

Travis Kalanick wurde als Gründer des alternativen Taxiunternehmens „UBER“ bekannt und revolutionierte damit das Transportwesen. Der 40-jährige Amerikaner ist erfolgreicher Investor und Multi-Millionär.

Seine Geschichte

Travis Kalanick wurde in Los Angeles geboren und studierte an der UCLA Informatik. Nach kurzer Zeit brach er dieses jedoch ab. Kalanick hatte Feuer für eine Idee gefangen und gründete sein allererstes eigenes Unternehmen namens „Scour“, eine Plattform, auf der online Musik ausgetauscht werden konnte. Es lief gut an und entpuppte sich zunächst als ein kleiner Erfolg für ihn. Da sich der junge Unternehmer aber nicht ausreichend mit Urheberrechten auseinandergesetzt hatte, verklagte ihn die Musikindustrie schon bald. Sein Unternehmen sah sich mit einer Schadenersatzzahlung in Höhe von 250 Milliarden Dollar konfrontiert und ging insolvent. Daraus lernend und viel besser vorbereitet als bei „Scour“, gründete Kalanick das Softwareunternehmen „Red Woosh“. 2007 verkaufte er dieses für 19 Millionen Dollar und ging daraufhin erst einmal auf Reisen. 2009 kam er dann zusammen mit Garrett Camp auf die Idee eine Smartphone-App für Taxen zu entwickeln. Sie standen in Paris und versuchten ein Taxi anzuhalten. Die Frage kam auf, ob das nicht unkomplizierter, transparenter und günstiger gehen könnte. Kurze Zeit später gründeten sie „UBER“. Zunächst ausschließlich in San Francisco als Limousinenangebot gedacht, entwickelte sich schnell das „UBER“, welches wir heute insbesondere aus mehr als 200 amerikanischen Städten kennen. Bis 2017 leitete Kalanick „UBER“ selbst, bevor er das Unternehmen verließ, um an seiner nächsten Idee zu tüfteln.

Was du daraus lernen kannst

Travis Kalanick hat sich über die Jahre eine gute Mischung an Software- und Unternehmerwissen angeeignet. Durch das beständige Überarbeiten und Analysieren seiner ersten großen Pleite „Scour“, konnte er jedes Mal besser werden. Die Augen offen zu halten, zu erkennen, was geändert werden kann und muss und dies dann auch tatkräftig anzugehen, machten seinen Erfolg aus.

Erfolgsmensch 15: Wolfgang Amadeus Mozart, Komponist

Über Wolfgang Mozart

Geboren 1756, als Sohn eines Hofviolinisten, avancierte das „Wunderkind“ Wolfgang Amadeus Mozart schnell zum Komponistenstar. Im Alter von fünf Jahren begann er seine eigenen Stücke zu schreiben und mit ihnen aufzutreten. Mit 12 Jahren schrieb er seine erste Auftragsoper. Heute kennt und ehrt jeder die Werke Mozarts, wie zum Beispiel „Die Zauberflöte“.

Seine Geschichte

Der kleine Wolfgang war der einzige Sohn der Mozarts, welcher überlebte, daher bekam er deren ganze Aufmerksamkeit. Von frühester Kindheit an unterrichtete der Vater ihn und seine Schwester unnachgiebig, täglich stundenlang am Klavier, an der Geige und an weiteren Instrumenten. Schnell erkannte der Vater, der selbst Musiker und Komponist am Hofe war, das Talent und den Charme seine Sohnes. Mozart konnte nicht aufhören zu musizieren, eigene kleine Ideen musikalisch umzusetzen und sich unablässig mit Musik zu beschäftigen. Er ging bald als „Wunderkind“ auf Konzertreise und komponierte verstärkt selbst. Schon bald bekam er eine Stelle als Assistent des Dirigenten in Salzburg. Doch der junge Mozart war ehrgeizig und beschwerte sich durchwegs darüber, dass er unterfordert sei und zu Höherem tauge. Genervt von seinem unreifen Verhalten entließ ihn sein Chef.

Nur seine Mutter, nicht aber sein Vater, bekam die Erlaubnis, mit dem Kind in weitere Städte zu reisen, um sich dort nach anspruchsvollerer Arbeit umzusehen. Doch Mozart war mit allen Angeboten unzufrieden und das Reisegeld von Mutter und Sohn schwand rapide.

Der schlimmste Tiefpunkt für Mozart war aber nicht die finanzielle Knappheit, sondern dass seine Mutter auf der Reise krank wurde und schließlich verstarb.

Trauernd und reumütig kam er nach Salzburg zurück, wo sich sein Vater dafür einsetzte, dass er wieder am Hofe eine Stelle als Musiker bekam. Er ging seinen Job dieses Mal mit weniger Nörgeleien an, und komponierte stattdessen ununterbrochen eigene Werke. Der Niedlichkeitsfaktor des „Wunderkindes" war endgültig verpufft und er musste härter arbeiten und sich mehr beweisen, als andere Musiker. Mozart wurde schließlich nach Wien berufen, zu dieser Zeit die Musikerhauptstadt überhaupt. Dort sah er sich damit konfrontiert, eher wie ein Bediensteter behandelt zu werden, denn als Musiker oder gar als Genie – wie er sich durchaus selbst sah. Nach einigen Streitereien wurde er schließlich vom Hofe geworden. Daraufhin ließ sich Mozart als freier Komponist in Wien nieder. Die richtige Entscheidung, die ihm endlich die Freiheit einräumte, seine Werke denjenigen zu präsentieren, die sie auch wertzuschätzen schienen.

Aber die Zusammenarbeit mit anderen Komponisten und Musikern fiel ihm schwer, denn viele sahen in ihm, dem ehemaligen „Wunderkind", eine Bedrohung. Nicht selten musste er Neid und unberechtigt schlechte Kritik über sich ergehen lassen. Musiker im Orchester sabotierten sogar manche seine Uraufführungen, indem sie absichtlich schlecht spielten.

Mozart konzentrierte sich vollständig auf seine Musik und arbeitete härter und länger als jeder andere Komponist. Als 1781 seine Oper „Idomeneo" uraufgeführt wurde, konnte er letztendlich alle davon überzeugen, dass aus dem ehemaligen „Wunderkind", der talentierteste lebende Komponist geworden war. Die Leichtigkeit und gleichzeitige Komplexität beeindruckten Publikum wie auch Kritiker gleichermaßen, und verschafften ihm die lang ersehnte Anerkennung.

Was du daraus lernen kannst

Mozart hatte einen guten Einstieg in die Welt der klassischen Musik durch seinen Vater, der selbst ein begabter Musiker war, doch die Hingabe und Bereitschaft zum Üben kam von ihm selbst. Wolfgang Amadeus Mozart war zwar nach seinen „Wunderkind"-Erfahrungen ein wenig zu sehr von sich selbst eingenommen, wusste aber zeitlebens, dass er mit seiner Arbeit überzeugen konnte. Daher ist er auch kein „Wunderkind" – denn seine Erfolge waren und sind kein Wunder, sondern das Produkt eines **täglichen, selbstkritischen, harten und leidenschaftlichen Trainings**.

Erfolgsmensch 16: Stephen King, Horror-Autor

Über Stephen King

Stephen King ist ein amerikanischer Bestseller-Autor, bekannt für Horror- und Fantasy-Romane wie „Carrie," und „Es". Ein Großteil seiner Werke wurde verfilmt. 1973 brachte King seinen ersten Roman unter Vertrag. „Carrie" sollte ihn schlagartig berühmt machen. Seitdem schreibt er zumeist ein bis vier Romane im Jahr und scheint noch lange nicht alle Geschichten erzählt zu haben, die in ihm brodeln.

Seine Geschichte

Doch zunächst studierte er Englisch in Maine, wo er auch seine heutige Ehefrau kennenlernte. Beide arbeiteten nach dem Studium als Lehrer, beide schrieben aber auch stets nebenher. Als ihr erstes Kind zur Welt kam, reichte das Gehalt eines Lehrers nicht mehr aus, um die kleine Familie zu ernähren. King nahm einen Nachtjob als Bügler in einer Wäscherei an. Zwischen Lehrerjob und Wäscherei schrieb er Kurzgeschichten und Bücher, die jedoch allesamt von Verlegern abgelehnt wurden. Möglicherweise lag es an der täglichen Konfrontation mit ekeliger, stinkender Kleidung und den vielen Reinigungschemikalien, dass er eher dunklere Kurzgeschichten schrieb. Unter anderem entstand in dieser Zeit „Der Wäschemangler". Familie und Freunde fanden ihn nur mäßig talentiert und nannten seine Stories „mentale Masturbation". Dabei konnte man bereits zu dieser Zeit ganz klar seine Tendenz zum Horrorgenre erkennen. Im „Der Wäschemangler" zieht der Mangler sich den Stecker selbst heraus, poltert durch die Wäscherei und frisst Menschen. Immerhin bekam er solche Geschichten in Sci-Fi-Heften unter. Aber für ein Leben als Schriftsteller reichte das noch nicht.

Er und seine Familie führten ein einfaches Leben, und letztendlich verdankt Stephen King seine Entdeckung dem Gespür seiner Frau. So schmiss er „Carrie“ nach längerer Schreibarbeit kurzerhand in den Müll, weil er der Meinung war, dass es nicht „gut genug“ sei. Seine Frau Tabitah fischte das Manuskript jedoch wieder heraus und erkannte den Wert. Also überzeugte sie ihren Mann davon, es einem Verlag vorzulegen. „Doubleday“ brachte „Carrie“ als Hardcover heraus, was sich zunächst nicht sonderlich bahnbrechend verkaufte. Doch ein Jahr später wurde „Carrie“ als Taschenbuch aufgelegt und schlug unglaublich ein. 16 Millionen Menschen kauften das Buch. Es war geschafft - Stephen King konnte als Autor leben. Fortan nutzte King all seine persönlichen Dämonen und größten Ängste als Vorlagen für seine folgenden Bücher.

Was du daraus lernen kannst

Für King war das Schreiben auch immer ein therapeutisches Vorgehen, in dem er seine Probleme und Sorgen direkt angehen konnte. Unabhängig vom Erfolg schrieb er zuvor jahrelang, ohne dafür eine ernstzunehmende Entlohnung zu bekommen. King nahm sich Kritik zwar zu Herzen, schrieb aber trotzdem unnachgiebig weiter. Diese Regelmäßigkeit, dieses sich immer wieder vor das leere Blatt setzen und mit dem Schreiben loszulegen, hat ihn für all die Geschichten und Romane trainiert, die er in den letzten 45 Jahren heraus brachte.

Erfolgsmensch 17: Galileo Galilei, Wissenschaftler

Über Galileo Galilei

Galileo Galilei wurde 1564 geboren und war ein italienischer Wissenschaftler und Gelehrter. Er revolutionierte die moderne Physik und Astronomie. Galilei bewies mit Hilfe eines verbesserten Fernrohrs – dem Teleskop – dass die Erde sich um die Sonne dreht, außerdem entwickelte er die Gesetze des Freien Falls. Galilei zeichnete als erster den Mond samt Krater auf, und entdeckte die vier größten Monde vom Jupiter. Seine Annahme, dass die Milchstraße aus einer Vielzahl von Sternen besteht, konnte er ebenfalls beweisen.

Seine Geschichte

Bevor Galileo Galilei zum „Vater der Modernen Wissenschaften" wurde, musste er hart an sich und seinem Umfeld arbeiten. Früh fasziniert von Naturwissenschaften, begann er 1583 mit einem Medizinstudium an der Universität in Pisa. Dabei stellt er fest, dass ihn besonders Mathematik und Physik interessierten. Obwohl er gerne Professor werden wollte, musste er nach zwei Jahren die Uni verlassen, da er sich sein Studium nicht mehr leisten konnte. In diesen Jahren war Galilei noch weit entfernt vom Dasein eines Revolutionärs. Er nahm, wie alle anderen zu seiner Zeit auch, die aristotelische Ansicht als gegeben an, dass sich alles, inklusive der Sonne, um die Erde dreht. Dies wurde auch stark von der Kirche unterstützt, die die Menschen und den Planeten, auf dem wir hausen, als das Zentrum des Universums betrachtete. Völlig logisch für Kleriker und Gelehrte also, dass die Erde der ruhende Mittelpunkt sei, um den sich alles dreht. Galileo war, trotz des Verlustes seines Studienplatzes, so stark von Mathematik und Physik begeistert, dass er einfach auf eigene Faust weiterhin Mathematik studierte.

Auf Grund seines hohen wissenschaftlichen Verständnisses, sicherte er sein Überleben nebenbei durch kleinere Lehrtätigkeiten. Schließlich kehrte er als Lehrer an die Universität von Pisa zurück. Er entwickelte neue Ansätze, fand Beweise, dass Kopernikus Recht hatte und sich alles um die Sonne dreht, die Erde also in Bewegung ist. Galileo bekam einen Höhenflug, wurde ein lauter Kritiker der alten Vorstellungen, was ihn unter seinen Kollegen unbeliebt machte. Schließlich wurde sein Vertrag an der Universität nicht verlängert und er fand sich kurzfristig auf der Straße wieder. Als auch noch sein Vater verstarb und er nun für die Erziehung seines jüngeren Bruders zuständig war, bemühte er sich erfolgreich um eine Anstellung an der Universität von Padua. Er hatte aus seinem ehemals überheblichen Auftreten gelernt, und da es sein Ziel war, die Menschen davon zu überzeugen, dass seine neuen, wissenschaftlichen Ansätze die richtigen waren, bemühte er sich nun um einen anderen Tonfall.

18 Jahre lang lehrte er in Padua und soll bei weitem der Professor mit dem größten Unterhaltungswert gewesen sein. Studenten und Besucher folgten seinen Vorlesungen in Scharen, und begannen seine Ansichten und Ideen ebenfalls als korrekt anzuerkennen.

Der Kirche war Galileo Galilei jedoch ein Dorn im Auge. Glücklicherweise wurde 1623 ein Freund von Galilei zum Papst ernannt. Dieser unterstützte ihn zwar in seinen Forschungen, forderte ihn aber dazu auf, objektiv zu bleiben und die kopernikanische Theorie nicht leichtfertig zu verteidigen. Galileo ließ sich darauf ein und schrieb 1632 das Buch „Dialog“. In dieser Publikation diskutieren die beiden großen wissenschaftlichen Weltansichten miteinander, in Form von Aristoteles mit Ptolemäus versus Kopernikus – und natürlich verteidigte er damit auch „seine eigene“ Theorie. Auch das machte ihn zu einen der größten Wissenschaftler aller Zeiten.

Er glaubte fest an seine Grundsätze und da er diese auch beweisen konnte, wollte er sich nicht von der Außenwelt unter Druck zu falschen Aussagen zwingen lassen. Die Kirche reagierte umgehend und ein Inquisitionsverfahren wurde gegen ihn eingeleitet. 1633 gestand er unter Folter Anhänger der Kopernikanischen Theorie zu sein und wurde daraufhin der Ketzerei angeklagt. Den Rest seines Lebens bis 1642 verbrachte er unter Hausarrest. Galilei ließ sich auch davon nicht einschüchtern, sondern publizierte und diskutierte weiter.

Was du daraus lernen kannst

Was vermutlich ein jedermann aus Galileo Galileis Leben ziehen kann, ist die Standhaftigkeit gegenüber Machtinhabern, wie in diesem Falle der Kirche. Trotz Zensur, Einschüchterung und späterem Hausarrest, arbeitete er immer weiter daran, seine Ideen umzusetzen. Nach seinem Rauswurf aus der Universität von Pisa, erkannte er schnell, dass er die Menschen von seiner Welt- und Universumsvorstellung begeistern wollte und auch musste. Er lernte Reden zu schwingen, die mitreißen konnten. Er verstand dabei die Gegenseite vollkommen, denn er war selbst einst Anhänger derselben Theorie gewesen. Darauf ließ sich wunderbar aufbauen und eine Strategie entwickeln, um auch Widersacher auf seine Seite zu ziehen. Außerdem ging es ihm nicht nur um Theorien, sondern auch um stichhaltige Thesen, belegt durch glasklare Experimente. Und das ist die Hauptlektion, die Galileo Galilei uns erteilt hat: Wenn du deine These beweisen kannst, lass dich nicht einschüchtern, sondern arbeite härter und überzeuge alle mit deinem Charme.

Erfolgsmensch 18: Anthony Robbins, Motivationstrainer

Über Anthony Robbins

1960 in Los Angeles als Anthony J. Mahavorick geboren, wurde er später unter dem Namen Anthony Robbins zum erfolgreichsten Life-Coach und Inspirations-Guru der Welt. Auch wenn er sich selbst ungern als Guru betrachtet. Er veröffentlicht heute noch einen Bestseller nach dem anderen, erfreut sich einer großen Fangemeinschaft und hält fleißig weiter Seminare und Power-Workshops.

Seine Geschichte

Tony, so sein Rufname, wuchs in L.A. und später in Azusa zusammen mit seinen zwei jüngeren Geschwistern auf. Die Familie war finanziell nicht gut aufgestellt, aus diesem Grund jobbte Tony auf Parkplätzen und trat als Komparse in diversen Filmen auf, um so etwas Geld in die Kasse zu bringen. Dies schweißte vor allem Mutter und Sohn stark zusammen. Als sich die Eltern trennten, kam der siebenjährige jedoch zunächst zu seinem Vater. Erst als die Mutter neu heiratete, zog er wieder zu ihr. Auch diese Ehe zerbrach, aber mit dem neuen Stiefvater, Ex-Baseballspieler Jim Robbins, kam endlich eine Vaterfigur in Tonys Leben, die ihn begeisterte.

Aber die finanzielle Situation blieb weiterhin schwierig. Tony nahm sich vor, dass er später einmal erfolgreich sein würde, damit er und seine Familie diese erdrückenden Engpässe nicht mehr durchleben mussten. Der 15-jährige, sportbegeisterte Tony fing an, Sportler zu interviewen und über Sportevents zu berichten, was ihm Angebote von Tageszeitungen und TV-Sendern einbrachte. Seine Mutter verbot es ihm jedoch und mit der Zeit brach dadurch die Familie auseinander, u.a. auch, weil Tony sich irgendwann wehrte und zu einem Freund zog.

Er begann als Vertreter zu jobben und wurde richtig gut in dem, was er tat. Einer seiner Kunden erkannte sein Talent und lud ihn ein, zu einem Jim-Rohn-Seminar zu kommen – DER Selbsthilfe-Guru zu dieser Zeit in Kalifornien. Direkt nach dem Seminar begann er für Rohn zu arbeiten. Er verschlang alles, was mit Selbsthilfe zu tun hatte und wurde schon bald befördert. Mit 19 Jahren übertrug ihm John Rohn sein eigenes Büro. Doch für den jungen Mann war die Aufgabe zu groß, denn er versank in Arbeit und wurde dadurch einsam und depressiv. Tony nahm viel an Gewicht zu und wurde zusehends schlechter in seinem Job. Er musste sich erst wieder daran erinnern, warum er all das machte, was ihn daran so mitriss.

Daraufhin entwickelte er seine eigene Idee. Er wollte alles, was er gelernt und erfahren hatte, so verpacken, dass jeder Mensch damit etwas anfangen und es für sich selbst umsetzen konnte. Tony wollte auch anderen Menschen helfen, ihr Leben neu zu erfinden. Gesundheit, Fitness, Ernährung und NLP waren wichtige Bestandteile seiner kompakten Idee. Er besann sich seines ausgezeichneten Verkaufstalentes und brachte insbesondere die Idee von NLP über Radio- und TV-Sender in Umlauf. Bald strömten die Menschen in Massen zu seinen Seminaren und seine Bücher wie *„Das Robbins Power Prinzip"* und *„Das Prinzip des geistigen Erfolgs"* wurden weltweit ein Erfolg. Tony und seine Familie müssen mittlerweile definitiv keine finanziellen Engpässe mehr erleiden.

Was du daraus lernen kannst

Anthony Robbins ist immer seiner Begeisterung und seinen Interessen gefolgt. Schaffte all das, was er gelernt hat, erfolgreich, verständlich und mitreißend an andere Menschen weiterzugeben. Veränderte Millionen von Leben zum Positiven, indem er alles an Wissen aufsog, seine Stärke als hervorragender Redner nutzte und sich niemals kleinkriegen ließ.

Erfolgsmensch 19: Cristiano Ronaldo, Fußballstar

Über Cristiano Ronaldo

Der 1985 geborene portugiesische Fußballer Cristiano Ronaldo dos Santos Aveiro gilt als Weltklassefußballer. Mit seinem Nationalteam Portugal gewann er 2016 die Europameisterschaft, er ist Rekordspieler, Rekordtorschütze und ist der torgefähr-lichste Fußballspieler aller Zeiten. Er gewann viermal den Goldenen Schuh als bester Torschütze Europas und wurde mehrfach als Weltfußballer des Jahres und Europas Fußballer des Jahres ausgezeichnet.

Seine Geschichte

Cristiano Ronaldo wurde als das vierte Kind einer Köchin und eines Gärtners auf der portugiesischen Insel Madeira geboren. Die damaligen Verhältnisse waren einfach. Ronaldo kickte so oft es ging mit den Nachbarskindern Fußball. Seinen zweiten Vornamen Ronaldo bekam der kleine Cristiano übrigens von seinem Vater verpasst, der ein großer Fan des Schauspielers (und US-Präsidenten) Ronald Reagan war. Sein Vater war zweitweise auch Zeugwart beim CF Andorinha, dem Regionalligisten, bei dem auch Cristiano spielte seitdem er 8 Jahre alt war. Direkt in den ersten zwei Jahre sorgte er dabei mit seinem Ehrgeiz und gutem Spiel für Aufsehen.

1995, Ronaldo war gerade 10 Jahre alt, interessierten sich die beiden wichtigsten Fußballvereine Madeiras dafür, ihn aufzunehmen und zu fördern. Er gewann mit seinem neuen Verein die Jugendmeisterschaft und machte ein 3-tägiges Probetraining bei Sporting Lissabon. Kurz darauf wechselte er nach Lissabon. Was wie ein traumhafter Aufstieg klingt, war mit viel harter Arbeit, Training und auch Hänseleien verbunden.

Denn der kleine Junge aus Madeira war der einzige, der nicht aus der Umgebung von Lissabon stammte. Er wurde von seinen Mitspielern auf Grund seines Akzentes nicht ernst genommen. Umso härter gab Ronaldo sich dem Training hin. Als er dann einen Wachstumsschub und damit verbundene Herzrhythmusstörungen bekam, sah es so aus, als würde sein Traum, ein Leben lang Fußball zu spielen, nun platzen. Aber auch das konnte er überwinden und wurde wenig später der erste Jugendliche von Sporting Lissabon, der innerhalb einer Saison für die U-16, U-17, U-18 und für das Profiteam spielte. 2002 wurde er schließlich auch Spieler der portugiesischen Nationalmannschaft.

Was du daraus lernen kannst

„Ich liebe es, den Hass in den Augen der Leute zu sehen und ihre Beleidigungen zu hören. Es macht mir nichts aus. Es gibt viele Leute, die mich hassen, aber es gibt mehr, die mich schätzen – Ich fühle mich nur schlecht, wenn ich schlecht spiele. Glücklicherweise passiert das selten“, ist eine der legendären Aussagen von Ronaldo. All die Hänseleien auf seinem Weg zum Erfolg, die ihm immer wieder aufgrund seiner Herkunft entgegen geschleudert wurden, haben ihn abgehärtet. Ronaldo liebt das Spiel, gibt zu 100 % alles und trainiert härter als jeder andere.

Erfolgsmensch 20: Edith Piaf, Chanson-Sängerin

Über Edith Piaf

Der „Spatz von Paris“ wurde in den 40er Jahren zur unangefochtenen Königin des französischen Chansons und zum Weltstar. Lieder wie *„Non, je ne regrette rien“*, *„Milord“* und *„La vie en rose“* machten sie weltweit bekannt. Edith Piaf hinterließ rund 300 Chansons.

Ihre Geschichte

Bis dahin war es ein langer Weg. Edith wurde als Edith Giovanna Gassion 1915 in Paris in einer Polizeistation geboren. Ihre Eltern: ein Schausteller und eine Prostituierte, ohne jeglichem Interesse an dem Mädchen. Edith kam zu ihrer Großmutter. Mit 7 Jahren schloss sie sich dem Wanderzirkus ihres Vaters an und zog mit ihm durch Frankreich. Mit 15 Jahren löste sie sich von ihm und trat mit selbstgeschriebenen Chansons in Cafés und Revuetheatern auf. Jeden Tag stand sie zusätzlich auf der Straße, um sich noch den einen oder anderen Franc dazu zu verdienen, und auch um zu singen, zu üben und das Publikum verstehen zu lernen. Dabei stand eines Tages auch der Besitzer eines Kabarettclubs vor ihr und engagierte sie kurzerhand. Edith war eine zierliche Person, mit einer rauen, unverwechselbaren Stimme, durch die sie schnell den Spitznamen *„der kleine Spatz“* bekam. Mehrmals am Tag stand Edith auf der Bühne und sang sich die Seele aus dem Leib. Dabei entdeckte sie der schon bekannte Schauspieler und Chansonnier Maurice Chevallier, der ihre Karriere anschließend richtig in Schwung brachte. Edith Piaf begann europaweit in großen Varieté-Theatern aufzutreten. Auch nach dem Krieg ging es für sie so weiter. Mit *„La vie en rose“* wurde sie schlagartig zum Weltstar. Sie begann zudem Chansonsänger zu unterstützen, ihnen eine Plattform zu geben, wie Yves Montand.

Daneben spielte sie in Filmkomödien und Operetten mit.

Was du daraus lernen kannst

Wer jemals geglaubt hat, dass erfolgreiche Menschen immer aus wohlhabenden Familien kommen müssten, wird durch das Beispiel von Edith Piaf endgültig vom Gegenteil überzeugt werden. Sie kam sozusagen aus der Gosse, genoss kaum eine Bildung, aber sang und sang und sang ununterbrochen. Die Unnachgiebigkeit mit der sie dafür sorgte, dass sie von der Straße, in Clubs und später in große Hallen kam, ist bemerkenswert. Und hat doch ganz einfach damit zu tun, dass Piaf beschlossen hatte, dass dies ihr Weg sein sollte und sich mit vollem Herzen hinein warf.

Erfolgsmensch 21: Stephen Hawking, Physiker

Über Stephen Hawking

Stephen William Hawking war ein renommierter Physiker und Stromphysiker. Von 1974 bis 2009 hielt er den renommiertesten Lehrstuhl für Mathematik an der Universität Cambridge inne. Er ist bekannt für seine bahnbrechenden Arbeiten zu Schwarzen Löchern, der Allgemeinen Relativitätstheorie und Kosmologie.

Seine Geschichte

Stephen Hawking schrieb populärwissenschaftliche Bücher über die moderne Physik, so dass auch der Otto-Normal-Verbraucher eine Chance bekam, etwas von den neuesten Erkenntnissen zu verstehen. Eine besondere Begabung, wenn man versteht, wie fachspezifisch ein brillantes Physikerhirn arbeitet. Hawking ist auch bekannt als der Physiker, der im Rollstuhl saß und einen Sprachcomputer zum Kommunizieren brauchte. 1963 erkrankte er an ALS, Amyotrophische Lateral-sklerose. Ihm wurde diagnostiziert, dass er nur noch einige wenige Jahre zu leben hätte. Seit 1963 war er an den Rollstuhl gebunden und 1985 verlor er zudem, als Folge einer schweren Lungenentzündung, die Fähigkeit zu sprechen. Daher nutzte er einen Sprachcomputer.

Hawking wurde als Sohn eines Tropenmediziners geboren und belegte zunächst Chemie und Mathe nur als Nebenfach. Bevor er die Schule abschloss, nahm er aus reiner Neugier an der Aufnahmeprüfung der „University of Oxford" teil. Er bestand mit Auszeichnung und bekam ein Studien-Stipendium, was ihn selbst sehr überraschte. Als er in Oxford studierte, bemerkte er eine Veränderung an seinem Körper. Er fiel unerwartet hin und wunderte sich, warum er so „schusselig" wurde.

Erst 1963, in seinem ersten Jahr in Cambridge, ließ er sich genauer untersuchen, nachdem seinem Vater aufgefallen war, dass etwas nicht stimmte. Der 21-Jährige war am Boden zerstört, während er im Krankenhaus lag. Hawking teilte sein Zimmer mit einem an Leukämie erkrankten Jungen. Verglichen damit, hatte er das Gefühl, dass er stärker sein musste, da seine Krankheit nicht so schlimm wie Leukämie war.

Nachdem er aus dem Krankenhaus entlassen wurde, hatte er einen schlimmen Traum. In diesem sollte er hingerichtet werden, und durchlebte in ihm unbeschreibliche Angst. Als er aufwachte stellte er fest, dass es noch jede Menge Dinge gab, die er in seinem Leben machen wollte. Damit erwachte sein Lebenswille von neuem. Auch seine Freundin, die er kurz vor der Diagnose kennenlernte, gab ihm Kraft. Jane Wilde heiratete Hawking 1965 und sie bekamen drei gemeinsame Kinder in den Jahren 1967, 1969 und 1979. 1990 verließ er Jane für seine Krankenpflegerin Elaine Mason, mit der er bis 2006 verheiratet war. Elaine wurde beschuldigt, Hawking misshandelt zu haben, was dieser jedoch dementierte. In seiner Biografie schrieb Hawking, dass sie eine stürmische Beziehung gehabt hätten.

2007 heiratete er dann wieder seine Exfrau Jane. Elaine hatte den Kontakt zu den drei Kindern aus erster Ehe – in zweiter Ehe kamen noch zwei weitere Kinder dazu – unterbunden. Nun hatte er wieder Kontakt zu seinen Kindern und schrieb zusammen mit seiner Tochter Lucy fünf wissenschaftsbasierte Romane für Kinder. Auch wenn Hawking schnell zu einem Überflieger wurde, so galt er doch in jungen Jahren nicht unbedingt als herausragender Student, oder überhaupt als halbwegs intelligent. Am Anfang war er an dritter Stelle in der Klasse – von unten gesehen. Also war er der Drittschlechteste der Klasse. Außerschulische Aktivitäten machten ihm viel mehr Spaß. Zusammen mit Freunden entwickelte er beispielsweise Spiele als Brett- aber auch als Videospiele, die sich allesamt um Mathematik drehten.

Eigentlich wollte der junge Hawking dann auch Mathematik studieren, aber das College der „Oxford University“ bot nur Physik an. Hawking meinte, er hätte sich zunächst nicht sonderlich intensiv um das Studium bemüht. Er investierte täglich eine Stunde dafür, mehr nicht. Trotzdem schloss er in Naturwissenschaften mit Auszeichnung ab und begann an seinem PhD in Kosmologie an der „Cambridge University“ zu arbeiten.

Ab 1968 kam seine Arbeit erst so richtig in Schwung, erste Publikationen großer Entdeckungen und Thesen folgten. 1979 wurde er dann auf den Lucasian Stuhl als Professor für Mathematik berufen, welcher der prestigereichste Lehrstuhl für Mathematik ist, auf dem er bis zu seinem Tode blieb. Er wurde in Westminster Chapel neben Größen wie Isaac Newton begraben.

Was du daraus lernen kannst

Stephen Hawking hätte einknicken und aufgeben können als er von seiner Krankheit erfuhr. Stattdessen trieb es ihn nach vorne. Er gründete eine Familie, forschte ununterbrochen und ging ganz in seiner Arbeit auf. Trotz aller Hindernisse fand er seinen Weg - das kann nur jedem Mut machen, der glaubt, unüberwindbare Herausforderungen vor sich zu haben.

Erfolgsmensch 22: Ludwig van Beethoven, Komponist

Über Ludwig van Beethoven

Ludwig van Beethoven war ein deutscher Komponist, der zur wichtigsten Figur der Musikszene seiner Zeit wurde. Geboren 1770 in Bonn, machten ihn Kompositionen wie „Die 9. Symphonie“ oder auch „Für Elise“ weltbekannt.

Seine Geschichte

Seine erfolgreichsten und unsterblichen Werke komponierte Beethoven übrigens fast taub. Während er es öffentlich natürlich nicht zugeben konnte, schrieb Beethoven 1801 an einen Freund:

„Ich muss gestehen, dass ich ein miserables Leben führe. Für zwei Jahre nun bin ich es umgangen jeglichen Gesellschaften beizuwohnen, einfach weil ich es als unmöglich empfinde zu sagen: Ich bin taub. Wenn ich irgendeinen anderen Beruf ausüben würde, könnte ich damit vielleicht umgehen; aber mit meinem Beruf ist es eine schreckliche Behinderung.“

In dieser Zeit konnte Beethoven kaum noch Wörter in Unterhaltungen verstehen. Die Taubheit trieb ihn in die Einsamkeit und Melancholie. Er galt als Misanthrop und als schrecklich stur, erklärte aber auch niemandem, wie es wirklich um sein Gehör stand. Als er 1827 im Alter von 56 Jahren verstarb, wurden Gefäßverstopfungen festgestellt, sowie eine Leberzirrhose. Nach heutiger Erkenntnis wird seine Taubheit auf einen Typhusausbruch von 1796 zurückgeführt. Beethovens Werdegang war zunächst der eines durchschnittlichen Schülers, der sein Leben lang eine Rechen- und Leseschwäche hatte. Später sollte er darüber gesagt haben, dass für ihn Musik zu seiner Sprache wurde. Zuhause sah er sich mit einem Alkoholiker als Vater konfrontiert, der ihn unter Drohungen und körperlicher Zucht am Klavier ausbildete.

1784 war sein Vater überhaupt nicht mehr in der Lage, seine Familie zu unterstützen und trotz seines jungen Alters bewarb sich Beethoven als Assistent des Organisten am Hofe von Bonn. Er bekam die Stelle und eine kleine jährliche Auszahlung, die reichte um ihn und seine Familie zu finanzieren.

Kurz darauf entsandte der Hof ihn zur damaligen Musikhauptstadt Wien. Aber schon nach einigen Wochen musste er zurückkehren, da seine Mutter schwer erkrankte. Es dauerte einige Jahre bis Beethoven wieder nach Wien zurück konnte, um bei all den Komponisten zu lernen, die er so verehrte. Der junge Ludwig arbeitete hart, komponierte unermüdlich und verachtete zumeist seine schon geschriebenen Werke. Er glaubte, ständig dazu zu lernen und konnte an seinem Lebensende insbesondere seine ersten Werke nicht mehr ertragen. Beethoven war sehr selbstkritisch und mit zunehmender Taubheit auch paranoid. Er konnte Gesprächen nicht mehr folgen und sein Temperament wurde immer hitziger. Beethoven legte sich mit allen an – mit seinen Brüdern, Freunden, Verlegern, Schülern und Mäzenen (Geldgebern). Und, vielleicht gerade weil er sich so missverstanden fühlte, flüchtete er sich noch mehr in seine Musik und komponierte seinen weltbekannten Klassiker: „Die 9. Symphonie."

Was du daraus lernen kannst

Beethoven hat vorgemacht, wie man trotz einer einschneidenden Behinderung Karriere machen kann. Taub zu sein, muss einen der schlimmsten, vorstellbaren Zustände eines Musikers darstellen. Er ging mit seinem Vater durch eine harte Schule, der ihn zudem versuchte, als Wunderkind zu verkaufen, nachdem er sah, wie gut das bei Mozart funktionierte. Bei Beethoven klappte dies aber nicht. Trotzdem blieb er an der Sache, verstand Musik als sein persönliches Ausdrucksmittel Nummer 1. Jedes Hindernis, das ihm in den Weg gelegt wurde, trieb ihn nur noch weiter an und verdeutlichte ihm, dass er noch besser werden wollte.

Erfolgsmensch 23: Coco Chanel, Fashion-Designerin

Über Coco Chanel

Dank der 1883 als Gabrielle Bonheur Chasnel geborenen Coco Chanel muss heutzutage keine Frau mehr eine Korsage tragen. „Coco" schuf das Fashion-Selbstbild der modernen und gleichberechtigten Frau. Sie entwarf das *„Kleine Schwarze"*, Modeschmuck, gestrickte Badeanzüge mit modernem Schnitt und kürzte die Röcke. Ihren Durchbruch feierte sie allerdings erst 1923 mit ihrem Parfum *„Chanel No.5"*

Ihre Geschichte

Als Tochter eines französischen Straßenhändlers in Südfrankreich, der sich nicht einmal die Mühe gab, den Schreibfehler in „Chasnel" irgendwann nachzubessern, hatte sie es nicht gerade leicht. Mit 12 Jahren verstarb ihre Mutter. Sie und ihre Schwester wurden daraufhin von ihrem Vater ins Waisenhaus gebracht. Mit 16 Jahren musste sie das Waisenhaus verlassen und begann zunächst als Näherin zu arbeiten. Bald gab sie die Arbeit aber auf, um nach Paris zu ziehen. In Nachtclubs trat sie als Tänzerin und Sängerin auf und bekam so auch ihren Bühnenamen verpasst: Coco.

Während ihrer Arbeit als Näherin hatte sie bereits eigene Ideen entwickelt, aber seit sie auf der Bühne stand, wuchs der Wunsch in ihr immer stärker, einem ganz bestimmten Bühnen-Accessoire ihre eigene Handschrift zu verpassen: dem Hut. Sie versuchte ihre Idee in Umlauf zu bringen und Investoren dafür zu finden. 1910 stellte ihr dann ein gut betuchter Verehrer das Startkapital für ihr eigenes Atelier zur Verfügung, in welchem sie begann, ihre Hüte zu entwerfen. Tag und Nacht tüftelte Coco an ihren Designs, probierte sie aus und begann schließlich mit dem Verkauf.

Ihre Hüte kamen sehr gut an, sodass sie schon bald ihr eigenes Hutgeschäft in Paris aufmachen konnte. Angetan von ihren Hüten bekam sie auch andere Aufträge von ihren Kunden – Coco sollte Kleider für sie entwerfen. Die schlichten Schnitte in Grundfarben, die sie entwarf, entwickelten sich rasant zu begehrter Luxusware unter den Frauen der High-Society. 1914 konnte sie zwei Boutiquen eröffnen und als sie 1918 die ersten Pyjamas für Frauen herausbrachte, wurde sie zum Star. Coco verstand ihre Kundschaft zu umgarnen, ihre Designerstücke anzupreisen und wurde nicht zuletzt dadurch zu einer besonders guten Geschäftsfrau. Bis Mitte des zweiten Weltkrieges dominierten ihre emanzipierten Schnitte den europäischen Markt. Dann zog sie sich zurück und begann eine neue Modelinie zu kreieren. 1954 stellte sie diese vor und feierte damit vor allem in den USA unglaublichen Erfolg. Damit verhalf sie der Marke Chanel zum internationalen Durchbruch.

Was du daraus lernen kannst

Coco Chanel ließ keinen Schnitt unbeaufsichtigt vonstattengehen. Ihre Leidenschaft für diesen Beruf und der damit verbundene Elan waren legendär. Möglicherweise war ihr Hang zur Schlichtheit auch geprägt von ihrer einfachen Kindheit und ihrer Fokussierung auf das Wesentliche.

Erfolgsmensch 24: David Bowie, Popstar

Über David Bowie

Der britische Sänger, geboren 1947, nahm 25 Alben auf, verkaufte über 140 Millionen Platten und war damit weltweit der erfolgreichste Popstar aller Zeiten. Seit den 70er Jahren war er auch als Schauspieler tätig. 1996 wurde er in die „Rock & Roll Hall of Fame" aufgenommen. 2016 verstarb er an Leberkrebs.

Seine Geschichte

Niemand wird direkt ein Megastar, so auch nicht eine Ikone wie David Bowie. Nach der Schule wurde Bowie zunächst Werbetexter und verdiente sich ein paar Münzen als Jazzsaxophonist dazu. Musik war seine Leidenschaft, aber erst zaghaft trat er damit an die Öffentlichkeit. Bowie wollte Lieder schreiben, die von Herzen kamen – verstörend, ironisch, mehr Realismus. Er trat als Pantomime-Künstler auf und probierte sich als Folksänger. Bereits 1967 hatte er seinen ersten kleineren Hit gelandet, mit *„Love You Till Tuesday"*. Allerdings kam sein satirisch ausgelegter Text in der Flower Power Zeit nicht allzu gut an. Bowie interessierte Flower Power wiederum nur mäßig, und er setzte sich die kommenden 2 Jahre verstärkt mit dem Buddhismus auseinander und spielte viel Pantomime. Von Spiritualität beeinflusst, wurden seine Texte poetischer. 1969 veröffentlichte er *„Space Oddity"*, dem folgten seine ersten Alben *„David Bowie"* und *„The Man Who Sold The World"*. Die Alben waren kein Erfolg. Bei den Texten kamen die Zuhörer nicht mit. Aber David Bowie dachte nicht daran aufzuhören. Er blieb sich selbst treu. Die Texte, die er schrieb, bedeuteten ihm etwas, und Bowie wollte sich nicht einfach des schnellen Geldes wegen anpassen. Also schaute er sich nach einem anderen Label um, dass in der Lage wäre, seine Musik besser zu verkaufen

Schließlich fand er das Label „RCA“. Die Produzenten waren begeistert von seiner Art Musik zu machen, es wirkte neu, provokant und frisch. Sie merkten, dass die Haltung des Publikums sich geändert hatte, und nun für jemanden wie Bowie bereit war. 1971 beschloss „RCA“ David Bowie zum Star zu machen und investierte 100.000 Dollar in eine Werbekampagne, woraufhin Bowie auf Tour durch Amerika ging – ausnahmslos ausverkauft. „RCA“ brachte seine alten Alben noch einmal heraus, die dieses Mal einschlugen wie eine Bombe. David Bowie wurde ein Star.

Bowie ruhte sich auf diesem Erfolg jedoch nicht aus, sondern suchte pausenlos nach neuen Projekten und Herausforderungen. Er fing an zu schauspielern, jedoch mit mäßigem Erfolg, und zog vor dem Mauerfall nach Berlin. Bowie spielte u.a. im Fernsehfilm „Baal“ mit, und sein Song „Heroes“ wurde der Soundtrack des Filmes „Christiane F.“. Später fing er auch an Skulpturen und Kohlezeichnungen anzufertigen und diese auszustellen.

1997 kaufte er sich die Rechte an all seinen Songs zurück und ging damit an die Börse – als erster Rockstar. Er galt als der reichste britische Musiker mit einem geschätzten Vermögen von fast einer Milliarde Dollar. 2016 erlag David Bowie seiner Krebserkrankung.

Was du daraus lernen kannst

David Bowie hat immer an sich geglaubt, und sich daher stets mit einem Schmunzeln auf den Lippen neu erfunden. Unnachgiebig hat er an seiner Musik gearbeitet, an seinem Image, seinem Stil und an seiner Show.
„Du bist, wer du sein willst“ – danach hat er gelebt. Aus dem Nichts heraus hat er sich aufgebaut mit Hingabe, Experimentierfreude und Hartnäckigkeit.

Erfolgsmensch 25: Maya Angelou, Autorin und Aktivistin

Über Maya Angelou

Maya Angelou wurde 1928 in St. Louis geboren, war Autorin, Professorin und eine der prominentesten Persönlichkeiten der afroamerikanischen Bürgerrechts-bewegung. Internationalen Ruhm erlangte sie mit dem ersten Teil ihrer Auto-biographie *„I Know Why the Caged Bird Sings"*. Sie schrieb 30 Bücher und erhielt über 50 Ehrentitel.

Ihre Geschichte

Die kleine Maya wurde in die Zeit der Großen Depression und Ungleichheit geboren. Ihre Eltern ließen sich früh scheiden und schickten die dreijährige Maya und ihren vierjährigen Bruder allein mit dem Zug zu deren Großmutter nach Arkansas. Dort lebte sie zunächst wohlbehütet in einem stabilen Umfeld, bis nach vier Jahren ihr Vater ohne Vorwarnung wieder vor der Tür stand und Maya zu ihrer Mutter brachte. Diese lebte mittlerweile mit ihrem neuen Mann namens Freeman zusammen, der die Achtjährige vergewaltigte. Später vertraute sie sich ihrem Bruder an, der sich dafür einsetzte, dass Freeman festgenommen wurde. Für einen Tag kam er ins Gefängnis, wurde auf Kaution frei gelassen und anschließend zu einer Haftstrafe von einem Jahr verurteilt. Bevor er jedoch ins Gefängnis kommen konnte, wurde er totgeschlagen. Daraufhin wurde Maya stumm, da sie der Meinung war, dass ihre Worte dafür gesorgt hatten, dass jemand starb. Erst als sie vier Jahre später wieder bei ihrer Großmutter leben durfte, begann sie zaghaft wieder zu sprechen. Eine befreundete Lehrerin der Großmutter brachte ihr viele Bücher mit, die sie lesen sollte und provozierte Maya mit Aussagen darüber, dass sie Poesie niemals lieben wird, wenn sie sie nicht ausspricht.

Mit 14 Jahren gingen sie und ihr Bruder wieder zurück zu ihrer Mutter nach Oakland in Kalifornien, wo sie als erste afroamerikanische Straßenbahnschaffnerin in San Francisco jobbte. Maya machte mit 17 Jahren ihren Abschluss, arbeitete nebenbei als Köchin, Kellnerin und managte Prostituierte. Im selben Jahr bekam sie ihren Sohn Guy. Maya wurde zunächst Tänzerin und Sängerin und tourte in den 50er Jahren u.a. mit Porgy und Bess auch in Europa. Verliebt, seit ihren stummen Jahren, in Bücher und ihre Poesie, schrieb Maya all ihre Gedanken nieder und las so viel, wie es ihre Zeit neben Arbeit und Kind zuließ. Die Sängerin und Tänzerin unterhielt sich über nichts lieber als über Bücher und das Schreiben.

1959 überredete sie dann ein befreundeter Schriftsteller nach New York City zu ziehen, um an einer Autorenkarriere zu arbeiten. In Harlem lebend, kam sie in Kontakt mit vielen afroamerikanischen Autoren. Inspiriert von ihrer Umgebung fertigte sie mehrere Texte an und veröffentlichte schon bald ihre ersten Werke. 1960 traf sie Martin Luther King und wurde zum ersten Mal richtig für die Bürgerrechtsbewegung der Afroamerikaner aktiv. Ein Jahr später zog es sie zusammen mit dem südafrikanischen Freiheitskämpfer Make nach Afrika. Zunächst arbeitete sie als Journalistin in Kairo. Nach ihrer Trennung von Make arbeitete sie bis 1965 in Ghana und lehrte dort an der Universität neben ihrer Tätigkeit als Redakteurin bei zwei Zeitungen. In Ghana lernte sie Malcolm X kennen, der ihr ein guter Freund wurde. 1965 kam sie zurück in die Staaten und half ihm bei dem Aufbau der Organisation für die Afrikanische Einheit. Im selben Jahr wurde er ermordet. Als drei Jahre später auch ihr anderer Freund, Martin Luther King, ermordet wurde, war Angelou am Boden zerstört. Sie wusste nicht, wie es jetzt weiter gehe sollte. Auf einer Feier lernte sie den Random-House Redakteur Robert Loomis kennen, der sie auf die Idee brachte, eine Autobiografie zu verfassen. Der erste Teil *„I know why the caged bird sings“* kam 1969 heraus und machte sie international bekannt.

Sie schrieb das Drehbuch und die Musik für den Film *„Georgia, Georgia"* und war damit die erste schwarze Drehbuchautorin. Auf einem Satellitensender moderierte sie wöchentlich eine Talkshow. Trotz dessen, dass sie nie eine Universität besucht hatte, begann sie 1982 an der Wake Forest University American Studies zu lehren. Endlich konnte sie sich auch als Lyrikerin ausleben. Bis zu ihrem Tod im Jahre 2014 hat sie 7 weitere Teil-Biografien über ihr Leben herausgegeben, und war zu einer Ikone der afroamerikanischen Bürgerrechtsbewegung geworden, die u.a. als erste Dichterin bei der Vereidigung eines Präsidenten (Bill Clinton) las.

Was du daraus lernen kannst

Maya Angelou hat unnachgiebig nach vorne geschaut und immer versucht das Beste aus einer Situation zu machen, sie schaute genau hin, kritisierte und fand einen Weg, der Welt ihre Gedanken mitzuteilen. Nicht aufgeben, dran bleiben, laut und stark für seine Rechte eintreten – das alles kann man wahrlich von Maya Angelou lernen.

Erfolgsmensch 26: Frank Thelen, Unternehmer

Über Frank Thelen

Frank Thelen ist ein 40-jähriger Unternehmer, der diverse Softwareunternehmen gründete und erfolgreich in Start Up's wie *„mytaxi"* und *„kaufda"* investierte. Mittlerweile kennen ihn viele aus der VOX-Sendung „Die Höhle der Löwen". Und um da als Juror mitmachen zu können, muss man schon etwas auf die Beine gestellt haben.

Seine Geschichte

Mit Anfang 20 hatte Thelen seine eigene Firma: *„Softer Solutions"*. Er wusste, wie man programmiert und entwickelte daraus etwas für damalige Verhältnisse völlig Neues, mittlerweile komplett Gängiges: so etwas wie einen Router, als Verbindung zwischen einem privaten Netzwerk und dem Internet. Der junge Thelen hatte also direkt den richtigen Riecher und das nötige Knowhow, um es zu entwickeln. Leider hatte er aber überhaupt keine Ahnung von Marketing. Für seine Idee, seine eigene Firma, nahm er ohne groß zu überlegen einen Kredit von einer Million Euro auf – mit privater Bürgschaft. Überzeugt von seiner revolutionären Idee kam er gar nicht ins Grübeln darüber, ob dies ein Fehler sein könnte. Thelen stellte sich vor, dass er Marktführer wird und an die Börse gehen kann. Mit gerade einmal 24 Jahren ging die Firma dann jedoch vollständig in die Brüche, was u.a. auch mit dem Platzen der Dot-Blase zusammenhing. Er konnte die private Insolvenz zwar gerade noch abwenden, musste aber direkt wieder bei seinen Eltern einziehen und zahlt den Kredit heute noch ab. Seine Eltern waren schockiert – so jung war ihr Sohn mit so viel Geld gescheitert. Unvorstellbar, dass er es jemals schaffen könnte, wieder auf die Beine zu kommen. Aber das tat er, und ist heute ein vermögender, erfolgreicher Investor.

Und auch dabei bleibt er nicht vor Fehlinvestitionen geschützt. Wie hat sich Frank Thelen nach einem ersten herben Rückschlag in solch jungen Jahren wieder aufrappeln und weitermachen können? Abgesehen davon, dass es viel Mut und Leidenschaft bedarf, nicht einzuknicken, und dennoch wieder etwas Neues ausprobieren zu wollen – wie ist er es angegangen? Da er seine Privatinsolvenz abwenden konnte, gründete er sehr bald wieder ein neues Unternehmen. Zu diesem Zeitpunkt kamen die ersten Digitalkameras auf den Markt. Immer den Blick in die Zukunft gerichtet, setzte er sich an eine Software, mit der man Abzüge digitaler Bilder ordern konnte.

„Ich habe Tag und Nacht gearbeitet. Kodak, Fuji, Agfa, Cewe – sie alle wollten in den Digitalmarkt, und ich arbeitete an der einzigen Foto-Plattform in Europa."

Schnell hatte er 100 Millionen Kunden weltweit. 2008 kam dann der große Clou: Für mehrere Millionen Euro verkaufte er die Firma an Fujifilm. Seitdem folgt er seinem Gespür für innovative Ideen und investiert überwiegend erfolgreich in junge Start-Up's.

Was du daraus lernen kannst

Als er das erste Mal groß gescheitert ist, gab es eine Vielzahl an Gründen dafür: Als junger Enthusiast allzu naiv nach vorne zu rasen, ist nun einmal nicht immer hilfreich. Aber die größte Lehre, die Thelen aus seinem ersten Bankrott gezogen hat, ist, dass man niemals private Schulden aufnehmen sollte.

„Gehe niemals unter null! Lebe lieber von Cornflakes und ziehe wieder zu deinen Eltern", äußerte er sich dazu.

Noch heute zahlt er € 500 monatlich von seinen Kredit ab, als Erinnerung daran, was alles falsch lief, und mit dem Ziel, dieselben Fehler nicht wieder zu machen.

„Es ist nicht cool zu scheitern. Es tut weh, man verliert Kapital. Aber es muss möglich sein zu scheitern, damit man mal mit 300 in die Kurve fahren und Risiken eingehen kann", sagt Thelen.

Erfolgsmensch 27: Sylvester Stallone, Schauspieler

Über Sylvester Stallone

Sylvester Stallone gehört mit zu den beliebtesten Actionhelden der Welt. Mit Filmen wie „Rocky Balboa“, welchen er selber schrieb, und „Rambo“ prägte er, mit seinem verzogenen Gesicht und seiner nuschelnden Art zu sprechen, den modernen Actionhelden.

Seine Geschichte

Stallones Kindheit war alles andere als einfach. Er und sein Bruder litten sehr unter der On-Off-Beziehung seiner Eltern, die sich schlussendlich doch scheiden ließen. Stallone lebte einige Zeit unter der Obhut des Jugendamtes im Waisenhaus und zog mit 5 Jahren zusammen mit seinem Vater nach Washington D.C., wo sein Vater eine Kette von Schönheitssalons eröffnete. Als sich seine Eltern endlich offiziell trennten, blieb er bei seinem Vater, litt jedoch unter starken, emotionalen Problemen und wurde von diversen Schulen geschmissen.

Nach einigen Jahren zog Sylvester Stallone zu seiner Mutter, die neu geheiratet hatte und nun in Philadelphia lebte. Er kam auf eine spezielle High School für besonders schwierige Jugendliche. Anschließend ging er zum College. Er studierte Drama am „American College of Switzerland“, ging dann zur „University of Miami“ und verließ die Universität bevor er sie absolvierte, um sein Glück als Schauspieler in NYC zu versuchen. Alle Schauspiellehrer rieten ihm von diesem Karrierewunsch ab. Stallone kam per Zangengeburt zur Welt, wobei ein Nerv beschädigt wurde, was der Grund für seine scheinbar „hängende“ Gesichtshälfte war. Bis zu seinem Durchbruch wurde er dafür stets gehänselt.

Das, gepaart mit den Problemen seiner Eltern, kann dazu geführt haben, dass Stallone solche Schwierigkeiten als Jugendlicher machte.In NYC übte Stallone alle möglichen Jobs aus, während er darauf hoffte, dass seine Schauspielkarriere ins Rollen kam. Er wirkte als Statist in größeren Filmen mit, ohne jemals im Abspann genannt worden zu sein, und hatte auch eine unbedeutende Rolle in einem kleinen Film.

Er fing an zu schreiben – und zwar an „Rocky". Er fand Produzenten, denen er klar machen konnte, dass er es sie nur produzieren ließe, wenn er **selbst** die Hauptrolle spielen würde. Sie willigten ein. „Rocky" machte ihn zum Star, der Rest ist Geschichte.

Was du daraus lernen kannst

Sylvester Stallone hat sich in seinem Leben immer wortwörtlich durchgeboxt und war es gewohnt von allen Seiten zu hören, dass er es nicht schaffen würde. Vielleicht ist das der Grund für seinen *Ehrgeiz* und seinen *Glauben* an sich selbst. An ihn hat nie jemand geglaubt, weder zu Hause, noch in seinen Ausbildungsstätten gab es irgendeine Form von Unterstützung. Stallone hat sich dennoch reingestürzt und an seine Schauspielerkarriere geglaubt. Er glaubte als einziger an sich, während es niemand sonst tat.

Erfolgsmensch 28: Ellen DeGeneres, TV-Host und Komikerin

Über Ellen DeGeneres

Ellen DeGeneres ist eine erfolgreiche, amerikanische TV-Moderatorin, Komikerin und Schauspielerin, die für viele Lesben ein Idol ist.

Ihre Geschichte

Ellen DeGeneres studierte zunächst an der „University of New Orleans“ Kommunikationswissenschaften, stellte aber bald fest, dass es nicht wirklich ihr Ding ist und brach es nach einem Semester ab. Sie schlug sich mit kleineren Jobs durch, ging kellnern, verkaufte Staubsauger und strich Wände. Während sie all dies tat, begann DeGeneres in kleinen Clubs als Stand-up-Comedian aufzutreten. Sie tingelte eine Weile herum und nahm 1982 an einem nationalen Wettbewerb mit dem Titel „Die witzigste Person Amerikas“ teil – und gewann diesen. Auftritte bei der „Late Night Show“ und diversen Fernsehformaten folgten. 1989 bekam sie in der Sitcom „Open House“ ihre erste Rolle als Schauspielerin. Schon bald darauf folgte ihre eigene Sitcom, die nach ihr benannt wurde: „Ellen“. Die Serie wurde ein voller Erfolg.

Doch dann schlug die Bombe erst richtig für sie ein. 1997 outete sich ihr Charakter und damit auch sie selbst als lesbisch. Zu diesem Zeitpunkt lebte DeGeneres in einer Beziehung mit Schauspielerin Anne Heche. In einem Fernseh-Spot mit Oprah Winfrey bekannte sie sich zu ihrer Homosexualität. Der Sender ABC, der „Ellen“ produzierte, setzte daraufhin die Show ab. Sponsoren waren abgesprungen und in Alabama traute sich der nationale Fernsehsender gar nicht erst die Folge auszustrahlen. Nach einem Jahrzehnt des Erfolgs stand Ellen DeGeneres vor dem Bankrott.

Auch privat lief alles schief: ihr Outing hatte auch Auswirkungen auf die Karriere von Anne Heche. An all diesen Problemen zerbrach die Beziehung letztendlich. Ellen war am Boden. Der Wind, der ihr seit dem Outing in Hollywood entgegenwehte, war ein ganz anderer als zuvor. Und alles nur, weil sie sich als lesbisch outete. Es hatte schließlich rein gar nichts mit ihrem professionellem Auftreten zu tun. Sie wurde Bestandteil von Late-Night-Jokes und nahm es sich stark zu Herzen.

Doch ihre Fangemeinde war immer noch da draußen und hatte Lust Ellen weiterhin ihre Witze reißen zu sehen. Also bastelte sie 2001 eine neue Stand-up-Comedian-Show zusammen und reiste damit bis Ende 2001 durch die USA, um dem finanziellen Ruin zu entgehen und sich auch emotional wieder zu stärken. Die Amerikaner schienen den Schock überwunden zu haben, dass einer ihrer Lieblinge lesbisch war und 2001 flimmerte ihre Sitcom „The Ellen Show" wieder auf dem Bildschirm. Legendär war auch ihre Moderation bei den Emmy Awards im selben Jahr, welche sie mit Bezug auf 9/11 eröffnete:
„Was könnte die Taliban mehr ärgern, als eine homosexuelle Frau in einem Anzug zu sehen, die von Juden umgeben ist?"

Was du daraus lernen kannst

Nach den Jahren der Ächtung, in denen Ellen DeGeneres darauf warten musste, dass die Nation reifte, war sie wieder voll am Start. Sie bekam ihre eigen Talkshow, hatte diverse Cameo-Auftritte, Voice-Over-Einsätze und moderierte sogar die Oscar-Verleihung. Ellen DeGeneres war sich vermutlich der Tragweite ihrer Aktion in ihrer Sitcom nicht bewusst, als sie sich outete, nahm es aber kämpferisch entgegen. Sie wusste, dass sie Menschen zum Lachen bringen kann, dass sie begeistern und mitreißen kann. Mit ihrer Tour nach dem Outing holte sie sich ihr Selbstbewusstsein und ihr Publikum zurück. Anstatt sich also zu Hause zu verstecken und geschlagen zu geben, blieb sie weiterhin aktiv bei der Sache und verfolgte ihren Traum.

Erfolgsmensch 29: Sixto Rodriguez, Sänger

Über Sixto Rodriguez

1971 nahm der 29-jährige Sixto Rodriguez sein erstes Album auf. Es floppte in den USA, wurde aber ohne sein Wissen in Südafrika zur Stimme der Anti-Apartheid Bewegung und Rodriguez damit zu einem großen Star im Land. Doch knapp 30 Jahre musste er auf seinen Erfolg warten.

Seine Geschichte

Sixto bekam seinen Namen, da er das sechste Kind in seiner Familie war. Eine pragmatische Entscheidung von hart arbeitenden Eltern. Der junge Sixto wächst in Detroit auf und erfährt am eigenen Leib eine Menge Rassismus und soziale Ausgrenzung. Er studiert Philosophie und vermischt seine philosophisch-politischen Ansichten zu gefühlvollen klaren Songs. Die Produzenten waren direkt verliebt in seine Musik, und stuften ihn damals und auch heute noch als wertvoller als Bob Dylan ein. Zwei Alben nahm er unter dem Namen Rodriguez in den Jahren 1970 und 1971 auf. Doch die Amerikaner kauften die Platte nicht und Rodriguez wurde als Musiker *fallen gelassen*. Der Amerikaner mit mexikanischer Abstammung schlug sich und seine Familie daraufhin ab 1976 als Bauarbeiter in seiner Heimatstadt durch. Was er nicht wusste, war, dass sein Album in Südafrika den Nerv der Zeit traf. Eine ganze Generation verliebte sich in seine Musik und sein Album brach sämtliche Verkaufszahlen, wie einst Elvis Presley in den Staaten. Da er jedoch nicht auftrat und niemand etwas von ihm hörte, entstanden in Südafrika die wildesten Gerüchte über ihn. Ohne Internet war es schwer zu recherchieren, warum DER Star des Landes keine Musik mehr machte. Also ging man davon aus, dass er sich nach seinem letzten Album umgebracht hatte.

Erst knapp 30 Jahre später stieß seine Tochter durch Zufall auf eine ihrem Vater gewidmete südafrikanische Website und hakte nach. Rodriguez war genauso überrascht wie seine Tochter, dass er zum einen kurzerhand für tot erklärt wurde, zum anderen, dass er in Südafrika ein Star sein sollte. Nachdem klar war, dass ganz Südafrika auf den alternden Rodriguez wartete, nahm er schließlich 1998 seine Gitarre in die Hand und spielte eine legendäre Tournee in den größten Arenen Südafrikas. Lauthals sangen seine Fans, die ihn so lange für tot hielten, all seine Songs mit. Für Rodriguez war es eine wunderbare Reise. Als der Dokumentarfilm „Searching for Sugarman" über ihn und seine Wiederentdeckung herauskam, wurde er auch in den Staaten schlagartig berühmt. Trotzdem: Rodriguez bleibt bodenständig, lebt immer noch im selben Haus in Detroit wie zuvor und weiß ganz genau, wie er sich sofort wieder als Bauarbeiter über Wasser halten könnte.

Was du daraus lernen kannst

Der junge Rodriguez hatte sich viele Gedanken um die Träume und die Realität von Ausländern in den USA gemacht und sie in seine Musik eingebracht. Er war ein sensibler Mensch und die Realisierung, dass sein Wunsch, ein Musiker zu sein, nicht umsetzbar war, war eine herbe Enttäuschung für ihn. Statt jedoch zornig auf die Welt zu werden, konzentrierte er sich auf sein Privatleben und spielte für sich selbst weiterhin Gitarre. Rodriguez probierte nie wieder aufzutreten, unterhielt aber seine Familie mit seinem Talent.

Die Lektion, die Rodriguez aus seinem Leben und seiner Musikkarriere zieht, ist ziemlich genial: „Entweder lebst du unter einem Felsen oder du spazierst im Sonnenschein. Das ist so ziemlich genau wie das Leben abläuft." Herausragendes wird früher oder später gesehen – und wenn nicht, dann lass dir davon nicht das Leben versauen, sondern mach weiterhin dein Ding.

Erfolgsmensch 30: Mark Zuckerberg, Facebook-Gründer

Über Mark Zuckerberg

Mark Zuckerberg, Jahrgang 1984, wurde bekannt als Facebook-Gründer, womit er Millionen-Umsätze machte. Nach wie vor ist er CEO und hält einen Anteil von 28 % am Unternehmen.

Seine Geschichte

Zuckerberg wuchs in einer gebildeten und eher wohlhabenden Familie auf. Sein Vater hatte eine Zahnarztpraxis und seine Mutter arbeitete als Psychiaterin, bis sie Mutter von den vier Kindern wurde. Zuckerberg hatte schon früh ein großes Interesse an Computern und Technologien. Mit 12 Jahren programmierte er ein kleines Nachrichtenprogramm mithilfe von Atari BASIC, welches er „Zucknet" nannte. Sein Vater benutzte es in seiner Praxis, damit die Rezeptionistin nicht immer durch den ganzen Raum brüllen musste, um ihm etwas mitzuteilen. Nachdem das gut klappte, benutzte es die Familie auch zu Hause. Zusammen mit seinen Freunden entwickelte er kleine Computerspiele, die er auf Zeichnungen aufbaute. Soweit lief alles rund für den jungen Zuckerberg. Er ging auf eine hervorragende Schule und wurde schließlich in Harvard angenommen. Schnell wurde er der Softwareentwickler am Campus, zu dem man ging, wenn man eine Software benötigte.

In dieser Zeit entwickelte er ein eher fragwürdiges Programm, welches er „Facemash" nannte. Dabei wurden jeweils Bilder zweier Studenten nebeneinander angezeigt, und die Nutzer konnten dann für den Attraktiveren/die Attraktivere abstimmen. Als die Uni-Verwaltung davon erfuhr, wurde es als unangebracht eingestuft und Zuckerberg musste es löschen. Mit diesem Einfall inspirierte er einige seiner Kommilitonen.

Sie entwickelten die „Harvard Connection“, welche die Harvard Studenten untereinander verbinden sollte, eine Art Dating-Site für die Elite. Am Anfang half Zuckerberg bei dem Projekt noch mit, stieg dann aber aus, um mit seinen Freunden Dustin Moskovitz, Chris Hughes und Eduardo Saverin ein Seite für öffentliches Social Networking aufzubauen. Auf dieser Website konnten Nutzer ihr eigenes Profil erstellen, Fotos hochladen und miteinander chatten. So entstand 2004 „The Facebook“. Zuckerberg verließ die Uni und widmete sich Facebook in Vollzeit. Ende des Jahres 2004 hatte Facebook bereits eine Million Nutzer. Bis 2006 weitete er das Netzwerk immer weiter aus, es wurde populärer und große Investoren zeigten reges Interesse. Dann kam der erste Tiefschlag. Seine früheren Kommilitonen von Harvard, die „Harvard Connection“ entwickelten, unterstellten ihm, dass er die Idee von ihnen geklaut hätte. Zuckerberg pochte darauf, dass „Facebook“ und „Harvard Connection“ zwei ganz unterschiedliche Dinge wären. Aber die Anwälte der gegnerischen Seite fanden heraus, dass Zuckerberg diverses Hintergrundwissen von „Harvard Connection“ gestohlen hatte. Sein Stolz schien verletzt, sein Ruf angekratzt. Es dauerte eine Weile, bis der junge CEO und Millionär seinen Fehler zugeben konnte und sich aufrichtig dafür entschuldigte.

„Ich glaube, durch diese Geschichte bin ich gewachsen und ein Stück weit erwachsen geworden", sagte er.

Einige Jahre später kam der Film „The Social Network“ über die Entstehung von „Facebook“ ins Kino. Dieser schien sich darauf zu konzentrieren, dass Zuckerberg ein gewiefter Unternehmer ist, der seine Ideen klaute, wie man es einst Bill Gates unterstellte. Zuckerberg versuchte cool zu bleiben. Erfolg bringt Neider mit sich, aber ihn störten vor allem die verdrehte private Darstellung seiner Person.

„Es ist interessant, worauf sich die Filmemacher fokussiert haben. Jedes einzelne Shirt, was sie genutzt haben, besitze ich tatsächlich. Also, sie haben so viele Dinge falsch erzählt, aber eine Menge unbedeutender Details sind plötzlich absolut richtig", erzählte er in einem Interview.

Was du daraus lernen kannst

Mark Zuckerberg kam aus einem guten Elternhaus, genoss eine sehr gute Ausbildung und hatte direkt mit seinem ersten Unternehmen einen einschneidenden Erfolg. Seine Rückschläge fielen in den Bereich, in dem er sich persönlich an seinen Grenzen sah. Sein Ruf ist mittlerweile nicht mehr ausschließlich positiv, niemand ist sich sicher, inwiefern er die Idee nicht einfach nur komplett geklaut hat. Aber so oder so hat er das Unternehmen „Facebook" an die unangefochtene Spitze geführt und seine Fehler eingesehen. Dazu braucht es ***Courage***.

Erfolgsmensch 31: J.K. Rowling, Harry Potter-Autorin

Über J.K. Rowling

1965 in England in einer Kleinstadt geboren, wurde J.K. Rowling zur Bestseller-Autorin mit ihren legendären Harry Potter-Bänden und damit auch zur Millionärin.

Ihre Geschichte

Doch zunächst lief alles ganz anders. Die junge Rowling studierte Französisch und Altphilologie und bekam in London einen Job bei „Amnesty International" als Recherche-Assistentin. Anschließend arbeitete sie, nach einem Umzug der Liebe wegen, in Manchester als Sekretärin. Bald darauf zog sie aber nach Portugal, um in Porto Englisch zu unterrichten. Was sie niemandem erzählte, war, dass sie damals schon heimlich an ihrem ersten Harry Potter schrieb. 1992 heiratete sie den portugiesischen Fernsehjournalisten Jore Arantes, trennte sich aber nach der Geburt der gemeinsamen Tochter bald wieder von ihm. Desillusioniert und nicht so richtig wissend, wohin mit sich, zog sie als alleinerziehende Mutter zurück nach Großbritannien, dieses Mal nach Edinburgh, wo ihre Schwester lebte. In einer kleinen Wohnung mit ihrer Tochter lebend, fand sie sich von Sozialhilfe abhängig wieder. Schon seit einigen Jahren spukte die Idee des Harry Potter-Charakters in ihrem Kopf herum, und bereits in Portugal schrieb sie immer weiter in ihrer Freizeit daran. Schließlich nutzte sie die Zeit und schrieb 1995 „Harry Potter und der Stein der Weisen". Mehrfach tippte sie das gesamte Manuskript auf der **Schreibmaschine** ab, um es mehreren Verlegern schicken zu können. 1996 druckte Bloomsbury es, riet ihr aber auch dazu, nicht ihren vollständigen Vornamen auszuschreiben, da Kinderbücher sich besser unter männlichen Autorennamen verkaufen würden.

Daher auch das Kürzel J.K. Rowling. Nachdem sie ihr erstes Buch verkauft hatte, erhielt sie ein Stipendium des „Scottish Arts Council" und konnte sich davon einen Computer kaufen. 1997 war ihr zweiter Band fertig – dieses Mal auf dem neuen PC getippt.

Heute schätzt man J.K. Rowlings Vermögen auf knapp 750 Millionen Euro. Insgesamt sieben Bände umfasst die Harry Potter-Reihe, die die einstige Sozialhilfe-empfängerin unsterblich macht.

Was du daraus lernen kannst

Rowling schrieb tatsächlich das erste Mal an Harry Potter, als sie noch in Manchester lebte und mit dem Zug nach London fuhr. Es dauerte Jahre bis sie mit ihrem ersten Band fertig wurde, aber sie glaubte an die Geschichte. Daran zu arbeiten, gab ihr immer wieder Kraft. Sie versuchte allen Bereichen ihres Lebens gerecht zu werden, im Job, als Ehefrau, als Mutter. Doch erst als das alles zusammenbrach und sie in einer Sozialwohnung, allein mit ihrer kleinen Tochter saß, konnte sie sich so richtig ihrer Arbeit widmen. Wie viele Menschen würden so jemanden für verrückt erklären? Statt sich einen „ordentlichen" Job zu suchen, schrieb sie ein dickes Kinder-Fantasy-Buch und tippte es mehrmals auf der Schreibmaschine ab. Erst als sie das Buch verkaufte, konnte sie sich als Autorin selbstständig machen. Rowling hat alles auf eine Karte gesetzt, weil sie nichts mehr zu verlieren hatte, und hat fest an sich und ihr Projekt geglaubt. Es schien für sie die einzige Möglichkeit zu sein, um an Geld zu kommen, mit etwas, das sie glücklich machte. Und der Erfolg gab ihr Recht.

Erfolgsmensch 32: Anna Wintour, Vogue-Chefin

Über Anna Wintour

Die 1949 in London geborene Modechefin ist seit 1988 Chefredakteurin der US-Vogue und wird als eine der einflussreichsten Modefrauen der Welt angesehen.

Ihre Geschichte

Anna Wintour ist die Tochter des ehemaligen Herausgebers der britischen Zeitung „Evening Standard“. Früh fasste sie den Entschluss, ebenfalls in den Journalismus gehen zu wollen. Sie wuchs sehr behütet auf und ging auf eine teure Privatschule. Statt danach artig studieren zu gehen, schnitt sie sich jedoch ihren bekannten Haarschnitt: einen glasklaren Bob, und suchte sich einen Ausbildungsplatz bei „Harrods“ in London. Das gab ihr die Chance, die Londoner Musik- und Modeszene näher kennenzulernen. Auch wenn das privilegierte Leben, was ihr ihre Eltern bisher ermöglicht hatten, sicherlich für ihr starkes Selbstbewusstsein verantwortlich ist, so konnte sie es doch kaum erwarten, aus dem erdrückenden, konservativen, schicken Leben auszubrechen.

Bald schon fing sie an bei „Harper Bazaar“ als Mode-Journalisten zu arbeiten. Von da an ging es immer weiter bergauf, bis sie letztlich in NYC bei der „Vogue“ landete. Ihre Bereitschaft, ein Konzept mit viel Arbeit komplett umzuwerfen, damit etwas Neues entstehen kann, ist bis heute legendär. Zuerst ließ sie Fotostrecken erstellen, bei denen günstige Vintage-Kleidung mit High-End Produkten kombiniert wurden. Wintour machte Modelabel und Modeschöpfer groß – oder kickte sie aus dem Business heraus.

Was du daraus lernen kannst

Anna Wintour ist eine Perfektionistin, die ihren Job liebt und mit Kritik nicht hinter dem Berg hält. All dies basiert auf harter Arbeit, ausgiebiger Selbstreflektion und dem unnachgiebigen Wunsch, immer besser zu sein als alle anderen. Wer sich wünscht, so erfolgreich und unangefochten an der Spitze der Modewelt zu stehen, sollte sich auf einiges einstellen. Auch wenn Wintour zwei Kinder hat, so bleibt ihr Privatleben doch stets auf der Strecke – denn der Job ist das, was für sie zählt.

Erfolgsmensch 33: Elon Musk, Paypal Gründer, Tesla-Investor und Unternehmer

Über Elon Musk

Elon Musk ist ein erfolgreicher Unternehmer und Entwickler. Der 1971 geborene Südafrikaner gründete Paypal, Tesla Motors, Solar City, Neuralink und The Boring Company. Ebenso ist er Mitbegründer von Open AI, Initiator des Hyperloop-Projekts, und arbeitet nebenbei an seinem Plan, mit SpaceX den Mars zu kolonisieren. Neben all diesen Aufgaben hat er auch noch fünf Kinder. Die Presse bezeichnet ihn oftmals als den zu menschgewordenen Tony Stark (aus „Ironman“) unserer heutigen Zeit.

Seine Geschichte

Der heutige Multimillionär Elon Musk wuchs unter mittelständischen Bedingungen in Südafrika auf, bevor er, um dem südafrikanischen Wehrdienst während der Apartheid zu umgehen, mit 16 Jahren nach Kanada zog. Kurz darauf begann er Wirtschaft und Physik an der Universität von Pennsylvania zu studieren. Weit weg von zu Hause stürzte er sich in seine Arbeit und machte zwei Bachelor, in Wirtschaft und Physik. Eine universitäre Karriere lag ihm aber nicht nah, obwohl er nach dem Master sogar anfing seinen Ph.D. zu schreiben – er wollte raus in die Marktwirtschaft und seinen Ideen nachgehen. Der junge Elon hatte einen Haufen guter Ideen und genug Leidenschaft um Tag und Nacht an genau diesen zu arbeiten. Unermüdlich tüftelte er herum und gründete schließlich „X.com“, was später *„Paypal“* werden sollte. Sein Start-up *„Zip2“* verkaufte er in seinen 20ern für mehrere Millionen Dollar, was ihn direkt reich machte. Daraufhin konnte er seiner Idee von einem besseren Automobil nachgehen, und gründete im Jahre 2003 „Tesla Motors“.

2012 schickte er mit seinem Unternehmen „Space X" eine Rakete ins All, um seinem Traum, irgendwann den Mars zu betreten, einen Schritt näher zu kommen. Elon Musk wird oft als getrieben beschrieben; einer der davon überzeugt ist, tatkräftig dafür zu sorgen, dass die Zukunft der Menschheit rosig ist. Er wurde bekannt dafür, 100 Stunden pro Woche unermüdlich an seinen Zielen zu arbeiten und meistens im Büro zu schlafen. Was zunächst unglaublich klingt, folgt einer strikten Planung, welche Patrick Hankinson (Gründer des Zeitmanagement-Systems *„Hello Focus")* ihm im Frage-Portal „Quora" verriet. Er erklärte dabei 5 bedeutende Elemente, die es Elon Musk ermöglichen 100 Stunden die Woche produktiv und ergebnisorientiert zu arbeiten:

1. Batching als Zeitmanagement

Elon Musk kombiniert ähnliche Aufgaben miteinander. So z.B. verbindet er Mittags-pausen mit Meetings oder beantwortet während dieser E-Mails.

2. Einhaltung eines strikten Zeitplans

Elon Musk arbeitet immer 5 Minuten lang höchstkonzentriert an einem Thema. Nach 5 Minuten springt er zum nächsten Thema und führt das in diesem Schema immer so weiter. Laut seiner Aussage arbeitet er so am produktivsten. Das Ganze funktioniert nur reibungslos mit einem Assistenten an seiner Seite, welcher den Zeitplan im Auge behält und ihm die nötigen Unterlagen bereithält. Aufgrund der Anzahl seiner Unternehmen verbringt er seine Zeit abwechselnd in seinen Firmen. Eine typische Woche sieht bei ihm wie folgt aus:

- Montag: SpaceX (Los Angeles)
- Dienstag und Mittwoch: Tesla (Palo Alto)
- Donnerstag und der halbe Freitag: SpaceX (Los Angeles)
- Der restliche Freitag: Tesla Design Studio (direkt neben SpaceX)
- Wochenende: Bei der Familie

3. Mastermind-Gruppe

Henry Ford hatte Mitarbeiter eingestellt, die ihm zu jeder Zeit und sozusagen auf Knopfdruck innerhalb kürzester Zeit alle Fragen beantworteten, auf die er selbst keine Antwort wusste. Genauso auch Musk. Er hat ein Team aus hochqualifizierten Mitarbeitern aufgestellt, welche ihm all seine Fragen beantworten – ohne dass er Zeit verliert, indem er darauf warten muss. Bei der Einstellung seiner Mitarbeiter achtet er auch darauf, Menschen zu finden, die seine Visionen mit ihm teilen.

„Menschen arbeiten besser, wenn sie wissen für welches Ziel und warum. Es ist wichtig, dass die Leute sich darauf freuen, morgens in die Arbeit zu kommen, und ihnen das Arbeiten Spaß macht."

4. Feedback

Musk bittet seine Mitarbeiter stets um ehrliches Feedback, um sich selbst weiterzuentwickeln. So berichtete er der Nachrichten-Website *„Mashable":*

„Ich denke, das ist der beste Rat von allen: Hinterfragt euch selbst und denkt immer darüber nach, wie ihr eure Sache noch besser machen könntet"

5. Sich nur auf das Wesentliche konzentrieren

Musk konzentriert sich auf Aufgaben, die ergebnisorientiert sind, und verschwendet keine Energie und Zeit auf sinnlose Aufgaben, wie z.B. Werbung. Er ist der festen Überzeugung, dass ein gutes Produkt sich auch ohne teures Marketing verkauft.

Was du daraus lernen kannst

Was sich wie ein einziger Siegeszug anhört, ist von ständigen Rückschlägen begleitet worden. Tesla stand immer wieder vor der Pleite. Aber seine hoch-gesteckten Ziele halfen ihm immer dabei, weiter zu machen, immer wieder aufzustehen und noch härter zu arbeiten als zuvor. Was für manche möglicherweise nur nach einem Menschen klingt, der von Geld getrieben wird, und aus diesem Grund wie ein Workaholic, Tag und Nacht arbeitet und kein Ende zu finden scheint, ist in Wahrheit die unerbittliche Arbeit eines Visionärs, der die Welt besser machen will. Er glaubt an die Macht der guten Idee, unabhängig vom wirtschaftlichen Ertrag.

„Wenn etwas wichtig genug ist, dann mach es, auch wenn alle Chancen gegen dich stehen."

Denn wer weiß, vielleicht ist man zur richtigen Zeit mit seiner Idee am richtigen Ort, und schon war es die beste Entscheidung aller Zeiten, dass man sich getraut hat, es trotzdem zu tun. Häufig fragt man sich bei Entwicklern, wie sie immer wieder auf so tolle, neue Ideen kommen und glaubt, man selber könnte das gar nicht. Aber Musk hat auch dazu etwas zu sagen, was sehr aufbauend ist:

„Wie entsteht innovatives Denken? Es ist eine Geisteshaltung, für die man sich entscheiden muss."

Erfolgsmensch 34: Owen Cook, Flirt-Coach und Unternehmer

Über Owen Cook

Owen Cook alias „Tyler Durden" wurde am 1. Oktober 1979 in Kanada geboren. Cook ist der Mitbegründer von *„Real Social Dynamics"*, eines weltweit bekannten und agierenden Unternehmens, das seinen Fokus darauf legt, Männern (und Frauen) das erfolgreiche Flirten (sowie Bereiche der Persönlichkeitsentwicklung) näherzubringen, um aus ihnen glückliche und freie Menschen zu machen. Als einem der wenigen in dieser Branche, brachte ihm seine Firma dadurch tatsächlich Millionen-Umsätze ein.

Seine Geschichte

Owen Cook ist der kreative Impulsgeber der berühmten Dating-Firma „RSD", während sich sein Kumpel Nick „Papa" Kho um den geschäftlichen Teil des Unternehmens kümmert. Owen Cook wird seit langem von Millionen Menschen als ihr Liebesleben-Retter gefeiert, der ihnen Techniken zur Selbstmotivation und Selbstverwirklichung im Prozess des Flirtens mit Frauen beibringt. Sein Buch und die DVD zur Selbstvertrauensförderung *"The Blueprint Decoded",* sowie DVD-Inhalte wie „Foundations" und „Transformations", haben viele Männer auf ihrem Weg der Vertrauensfindung unterstützt. Der in Ontario geborene Owen wurde bekannt, nachdem Leser zum ersten Mal aus dem Bestseller-Buch „The Game" (2005) von Neil Strauss von ihn erfuhren.

Einst war Owen Cook ein leidenschaftlicher Künstler, der sich nicht einmal seine Miete leisten konnte, auf der Couch seiner Freunde und teilweiße auf der Straße schlafen musste. Nun wird er seit Jahren von Tausenden von Fans gefeiert.

Beeindruckend ist auch, dass er bei „RSD“ als Abteilungsleiter **und** für die Erweiterung der Seminare **und** für wichtige strategische Entscheidungen verantwortlich ist, wie z.B. die Entscheidung im Jahr 2007, vom routinebasierten Ansatz (Flirten auf Basis von auswendiggelernten Sätzen, Techniken und Taten) zum nicht routinebasierten Ansatz bzw. zur *natürlichen Verführung* überzugehen. Außerdem ist er weiterhin auch selbst beinahe jeden Abend als Coach und Sprecher in den Boot-Camps und Seminaren tätig.

Owen ist seit seiner Jugend unabhängig und besitzt einen Abschluss in Philosophie der „Queens University“. Eine Karriere im Rahmen der Philosophie verfolgte er jedoch nicht. Vielmehr beschloss er, sich in die Dating-Welt hinauszuwagen. Jedoch wurde sein Interesse am Meistern der Verführung erst dann geweckt, als er von seiner Freundin während seiner Studienzeit verlassen wurde. Dieser herzzerreißende Moment ließ Owen auf sein Leben zurückblicken, und machte ihn schließlich zu einem depressiven jungen Menschen. Schon während seines Studiums hat er oft auf den Erfolg seines eigenen unternehmerischen Vorhabens hingearbeitet. Was es ihm ermöglichte, die Universität ohne Unterstützung seiner Familie zu finanzieren, und was ihn damals schon relativ wohlhabend machte. Er hat bemerkt, dass sein Drang, in der Geschäftswelt reich und erfolgreich zu werden, zu einem großen Teil dazu diente, um das zu kompensieren, was er als schwächeren Teil von sich selbst empfand, wenn es darum ging eine Freundin zu finden. Er war regelrecht frustriert, als sein wirtschaftlicher Erfolg ihm bei Frauen **nicht** half.

Glücklicherweise nahm Owen Cook 2002 an einem Dating-Seminar teil, und erlangte schließlich das Vertrauen und den Willen, sich als *Pick-Up-Künstler* zu engagieren. Erstaunlicherweise hat er sich den Namen „Tyler Durden“ aus dem Film/Roman „Fight Club“ zu eigen gemacht, um sich frei wie ein Vogel aus dem Käfig der sozialen Zwänge zu erheben.

Während seiner frühen Jahre als Pick-Up-Künstler wurde Cook für die Produktion einer großen Anzahl von nützlichen und analytischen Blog- und Forenbeiträge bekannt. Er war fleißig; analysierte viele der vorhandenen online-Informationen und testete unerbittlich eine Vielzahl von ihnen aus.

Ein Jahr später traf Owen den aufstrebenden Dating-Guru Nick Kho, welcher der aktuelle CEO von „RSD" ist, während er durch Kanada und die USA reiste, in der Hoffnung, von erfahrenen Pick-Up-Künstlern zu lernen. Im selben Jahr gründeten Nick und Owen die Firma, die wir heute als eine der besten Dating-Firmen der Welt kennen.

Doch die Gründung von „RSD" hat seinen Lernprozess nicht beendet. Im selben Jahr lernte das Duo vieles von den Verführungsgurus Neil Strauss (Style) und Erik von Markovik (Mystery) während eines Aufenthalts im „Project Hollywood", Los Angeles. Später gründeten sie die Firma und fingen an, den Männern Routinen beizubringen, die er von Kollegen lernte. Später änderte Owen jedoch den Firmenansatz zu einem individualistischen bzw. natürlicheren Ansatz. Als er erkannte, dass Routinen in der modernen, komplexen Welt überholt sind.

Owen leidet an Haarausfall, obwohl er erst Mitte 30 ist. Er stellte auch erst spät fest, dass er am Asperger-Syndrom leidet, welches es Erkrankten schwer macht, soziale Kommunikation und Interaktion auszuführen und zu verstehen. Durch diese Einschränkungen fühlt es sich in Gesprächen so an, als würde man versuchen, eine Fremdsprache zu entziffern. Doch die Genauigkeit der Analysen Cooks, über Gespräche und über das, was genau beim Flirten zwischen Mann und Frau passiert, ist bisher unangetastet. Gerade das ist es, was es so amüsant macht, wenn man realisiert, wie ein haarloser, 1,74m großer und unter Asperger leidender Mann zu einem der bekanntesten und erfolgreichsten Dating-Gurus der Welt geworden ist. Welcher eine bedeutende Quelle der Inspiration für Millionen von Menschen zu sein scheint.

Leider wurde sein Vermögen bisher noch nicht bekannt gegeben. Es wird jedoch stark davon ausgegangen, dass der gute Mann mittlerweile Millionen verdient. Immerhin kosten seine 3-tätigen Bootcamps $ 2.000 – 2.500 und „RSD" hält diese und viele weitere Seminare in Europa, Nord Amerika, Australien und Asien ab! Sowohl Frauen, als auch Männer sind seine Fans und er weiß, wie man mit ihnen Geld verdient. Im März 2010 gab er bekannt, dass er mit seiner langjährigen Freundin Roxy, Vater eines kleinen Sohnes geworden ist. Was ihn nach wie vor nicht daran hindert, weiterhin neue Frauen kennenzulernen und zu verführen – den er lebt die Polyamorie. Was bedeutet, dass alle seine Freundinnen voneinander wissen, und er das Ziel hat, mit ihnen allen eine langfristige Beziehung einzugehen. Noch heute sagt man ihm nach, dass er sieben Mal die Woche ausgeht (überwiegend in Clubs) und Frauen anspricht, um Weisheiten weiterzugeben, die er auch wirklich selbst lebt.

Was du daraus lernen kannst

Wie auch immer dein Gefühl hinsichtlich Owen sein mag, es ist schwer zu leugnen, dass er einen enormen Erfolg erzielt hat. Daraus können wir alle etwas lernen: Hier sind die zehn Erfolgsregeln nach Owen Cook.

1. Eliminiere alles, was dich nicht unterstützt.

Ob Lebensmittel, die einen krank machen, Menschen deren Einstellungen schädlich sind, Unsinn im Fernsehen oder im Internet, Klatsch bei der Arbeit oder was auch immer – wenn es kein positiver Einfluss ist, dann ist es das Beste, es einfach aus seinem Leben zu streichen. Behalte nur das Positive bei: die Dinge, die gute, produktive Emotionen und Handlungen aktivieren.

2. Konzentriere dich auf das, was du willst – nicht auf das, was du nicht willst.

Dieser Ratschlag ist in zwischenmenschlichen Beziehungen äußerst wichtig, was natürlich für Cooks Arbeit von größter Bedeutung ist. Aber wie jeder gute Unternehmer weiß, ist dies auch ein entscheidender Erfolgsfaktor in jedem anderen Bereich. Wenn du mit einer anderen Person interagierst, konzentriere dich nicht auf das Negative, z.B. wenn die andere Person dich nicht mag, oder wenn sie vielleicht zu etwas nein sagt, das du sie fragst bzw. bittest. Konzentriere dich stattdessen auf die potenziellen, positiven Ergebnisse deiner Begegnung, wie eine mögliche Partnerschaft oder eine ausgezeichnete Arbeitsbeziehung. Wie Cook es ausdrückt:

„Du solltest durch die Wand schlagen, nicht an die Wand."

3. Mach dir selbst das Versprechen, großartig zu werden.

Es ist normal, dass blaue Flecken oder unerträglich herausfordernde Situationen dich manchmal zu überwältigen scheinen, und du einfach aufhören willst, wenn es hart auf hart kommt. Wenn du jedoch die Verpflichtung eingehst, *großartig zu sein*, wenn du dich durchsetzen kannst und es auf die andere Seite einer schwierigen Situation schaffst, dann wirst du dich mit der Zeit dazu konditionieren, es immer und immer wieder zu tun und dabei erfolgreich hervorzutreten. Wenn du es einmal tun kannst, wird es das nächste Mal weniger anstrengend sein und bringt dich dazu, dass zu erreichen, was du willst. Dadurch wirst du mit der Zeit ein höheres Niveau erreichen. Cook ermutigt Menschen dazu, Herausforderungen als einen potenziellen Vorteil zu betrachten: Gemeisterte Herausforderungen geben dir einen essentiellen Vorsprung gegenüber Menschen, die noch nie eine schwierige Situation durchmachen mussten. Herausforderungen bauen deine Belastbarkeit auf, stärken deine Willenskraft und verbessern den Erfolgswillen.

4. Sich zu beschweren ist pure Energieverschwendung.

Das Leben ist kurz – Cook behauptet, dass sich zu beschweren die unproduktivste Sache ist, die man mit seiner Zeit auf der Erde machen kann. Ja, weniger erfreuliche Dinge werden ab und zu passieren, aber anstatt sich über sie zu beschweren, verstehe, dass schwierige Situationen dich stärker machen werden. Nutze schwierige Situationen als Chance für Verbesserungen. Anstatt sich über etwas zu beschweren, das passiert ist, oder über die Art und Weise, wie die Dinge sind, oder zu meckern, unternehme die nötigen Schritte, um diese Dinge besser zu machen.

5. Habe ein Ziel und arbeite darauf hin.

Diese Regel ähnelt einem alten Zig-Ziglar-Zitat:

„Wenn du auf nichts zielst, wirst du es jedes Mal treffen."

Cook ermutigt die Menschen dazu, den Weg zum Erfolg zu gehen und zu erkennen, was am Ende für sie bereit steht. Ja, die Reise selbst ist wichtig. Aber man muss ein Ziel und ein Bild davon im Kopf haben, wie der Erfolg aussieht. Richte deinen inneren Kompass auf dein Ziel aus und weiche nicht vom Weg ab, auf dem du dich befinden solltest. Lass dich nicht ablenken von irgendwelchen neuen Zielen. Erreiche erst das eine, und arbeite dann nach und nach an weiteren. Optimalerweise beginnst du mit kleinen Zielen und steigerst dich mit der Zeit.

6. Wenn du etwas willst, dann hole es dir: Werde aktiv!

Niemand schuldet dir etwas, und niemand wird etwas für dich tun. Wenn du etwas bestimmtes in deinem Leben erreichen willst, dann musst du handeln und es **selbst** tun. Cook weist darauf hin, dass Hilfe und Hilfsangebote gegenüber anderen Monster sind, die sich selbst ernähren. Mit anderen Worten, wenn du nie etwas für dich selbst tust, fühlen sich andere Menschen weniger von dir angezogen, und es wird wirklich schwer sein, diese um einen Gefallen zu bitten. Auf der anderen Seite ist es so, wenn du dich als eine Person darstellst, die Dinge selbst erledigt, wirst du ganz einfach eine Menge Leute anziehen, welche dir ihre Hilfe anbieten wollen und Dinge für dich erledigen möchten. Einfach ausgedrückt, du musst Dinge für dich **selbst** tun, wenn du andere Menschen einbeziehen willst. Genauso wichtig ist es, bereits frühzeitig zu handeln, anstatt darauf zu warten, dich endlich bereit für etwas zu fühlen. Die Wahrheit ist: Du wirst dich niemals bereit fühlen können! Egal wieviel du liest oder über ein bestimmtes Thema studierst. Im Akt des Handelns und Tuns liegt die wahre Macht des Lernens.

7. Du musst dir deinen Erfolg verdienen und daran arbeiten, um ihn zu behalten.

Erfolg ist nicht leicht zu bekommen. Es ist ein Privileg, kein Recht, und es ist flüchtig; wenn man dieses Konzept nicht ernst nimmt, wird man nicht lange Erfolg haben. Cook glaubt, dass Mittelmäßigkeit in unserer Gesellschaft ein Standard ist – beinahe ein Geschenk für das nichts tun. Erfolg hingegen muss durch tägliche, harte Arbeit und Ausdauer verdient wird. Er sagt nicht, dass man von Zeit zu Zeit keine Pause machen sollte, aber man muss fast durchgehend hart arbeiten, wenn man Erfolg haben will.

8. Klare Grenzen setzen.

Du bist der Kapitän deines eigenen Schiffes – du entscheidest, wer mit dir Zeit verbringt, worauf du deine Zeit verwendest und wie sich deine Tage gestalten. Zu diesem Zweck musst du die Kontrolle über dein Leben übernehmen und klare Grenzen setzen für das, was du willst und was nicht. Ein Beispiel ist, mit wem du deine Zeit verbringen willst, und mit wem nicht. Was du in deiner Freizeit tun willst, und was nicht. Welches Verhalten du tolerierst, und welches nicht. Setze dir eigene Grenzen in Bezug auf die Art und Weise, wie andere Menschen mit dir umgehen dürfen, und bleibe diesen Grenzen stets treu.

9. Vergiss niemals: Das Streben nach einem besseren „Selbst" ist eine gute Sache.

Cook weist darauf hin, dass wir uns manchmal, wenn wir neue Dinge lernen und versuchen, eine bessere Versionen von uns selbst zu werden, in der Vorstellung verstricken können, dass wir nicht in der Lage sind, unserem Potenzial gerecht zu werden. Er sagt, dass der Akt der Selbstverbesserung (in welcher Form auch immer in deinem Leben) diese negativen Gefühle verstärken kann. Aber wir sollten uns dem Drang widersetzen, uns so zu fühlen! Stattdessen ist es wichtig, die Reise auf der du dich befindest, zu schätzen und zu genießen. Und sich daran zu erinnern, dass du auf das Beste hinarbeitest, das in deiner Macht liegt. Betrachte die Selbstverbesserung als positiven Aspekt, und du wirst besser darauf vorbereitet sein, erfolgreich zu werden.

10. Sei der Wolf, nicht das Schaf.

Cook erklärt, dass es zwei Arten von Menschen auf der Welt gibt. Es gibt die Schafe, die sich sagen lassen wollen, was sie tun sollen, und die in allen Dingen nach einer Antwort suchen. Sie sind müde und verängstigt, und müssen sich nur als Teil einer größeren Hierarchie fühlen und sich bewusst sein, dass alles in Ordnung sein wird. Dann gibt es die Wölfe, die keine Angst haben, große Entscheidungen zu treffen, die nach dem streben, was sie wollen, und genau zu der Person werden, die sie werden wollen. Die Wölfe verstehen, dass das Leben mehrdeutig ist, und dass es keine allgemeingültige Lösung gibt, die auf sie wartet. Trotz dieser Dinge streben sie nach Erfolg, und nähern sich diesem Tag für Tag immer weiter an. Wenn du erfolgreich sein willst, kannst du kein Schaf sein. Du musst ein Wolf sein!

Erfolgsmensch 35: Nathanael Draht, Unternehmer

Über Nathanael Draht

Der 1979 in Bielefeld geborene Nathanael Draht ist der Gründer von „Aquatuning“ und erreichte innerhalb von 4 Jahren, ohne Startkapital und ausschließlich aus dem Keller seines Elternhauses heraus, bereits die meisten seiner Ziele und wurde zum Millionär.

Seine Geschichte

Reichtum, Macht, Ansehen, finanzielle Sicherheit, Partys, Drogen, Frauen, Haus und Sportwagen – alles, was das Leben attraktiv zu machen scheint, erreichte Nathanael bereits innerhalb von 4 Jahren. Auf dem Höhepunkt dieses Lebenswandels hat er plötzlich eine besondere Begegnung, und sein Leben wird vollkommen transformiert. Bereits neun Monate später erlebt er in Indien die Zeichen und Wunder seiner neuen Berufung. Inzwischen ist er Christ und leitet sein Unternehmen auch dementsprechend mit Ehrlichkeit und Nächstenliebe. Außerdem reist er von einer zur anderen Veranstaltung, gibt Interviews und verkündet überall wo er nur kann, wie Jesus Christus endlich die Leere in seinem Leben füllte. Den trotz all seiner Errungenschaften fühlte er eine Leere und Unstimmigkeit in seinem Herzen. Doch fangen wir von vorne an. Nathanael wächst in einer christlichen Familie auf, das Verhältnis zu seinen Eltern ist durchaus liebevoll, und doch kann er anfangs nicht viel mit Religion anfangen, weil seine Eltern sich ständig streiten und sich letztendlich auch scheiden lassen. Seine fromme und leistungsorientierte Erziehung führte zum Außenseiter-Dasein in der Schule.

Denn die Kinder dort machten sich über seine christliche Lebensweise lustig und Mädchen wurden zu einem Fremdwort für ihn, weil keine von ihnen etwas mit ihm zu tun haben wollte, und er als langweilig galt.

„Meine Vorstellung von Gott und Christen war die, dass all diese Menschen erfolgslos sind. In meinen Augen waren sie Versager. Mir brachte es recht wenig sonntags in der Kirche zu sitzen, wenn ich von montags bis samstags dadurch Probleme erleiden musste“, so Nathanael im Interview mit *„Club700.tv“.*

Mit 18 Jahren wendet er sich vollkommen von Gott ab und hört damit auf, nur von Erfolg und Reichtum zu träumen, sondern beschließt kurzerhand, dass er es wirtschaftlich zu etwas bringen will. Geld, Frauen, Erfolg, Reichtümer und Autos waren es, was er erreichen wollte. Er beschloss allen zu beweisen, dass sein Weg der richtige ist, und dass alle, die sonntags in der Kirche rumsitzen, fehlgeleitet seien. Noch während seiner Maschinenbau Ausbildung entwickelt er zum ersten Mal eine kostengünstige Wasserkühlung für den Computer. Da er oftmals und noch dazu über einen längeren Zeitraum „Counterstrike“ spielte, lief sein Computer schnell heiß. Sich weigernd, viel Geld für die damaligen Wasserkühlungen auszugeben, und wohl wissend, dass er diese genauso gut selbst bauen könnte, entwickelt er den ersten Prototypen für seine eigene Nutzung. Zu Beginn lediglich aus Spaß und Neugier, verkauft er einige Modelle über eBay. Schnell entwickelt sich die Bastelei im eigenen Keller, innerhalb eines Jahres, zu seinem Erstaunen finanziell so gut, dass er seine eigene Firma *„Aquatuning“* gründet. Geprägt vom Spruch *„Erfolg ist die Summe richtiger Entscheidungen“* wird seine Firma immer größer, wirft immer mehr Umsatz ab und expandiert mit der Zeit sogar international. Bereits 3 Jahre später wird sein Firmenwert auf 2 Millionen Euro geschätzt. 2007 wird „Aquatuning“ zum Marktführer für Computerkühlsysteme in Deutschland, 2009 dann sogar in ganz Europa.

Mit steigendem Erfolg steigt auch seine Arbeitsleistung auf rund 60 Stunden die Woche. Bereits mit 24 Jahren hat er das geschafft, wovon viele Menschen ihr ganzes Leben lang nur träumen. Er schwimmt förmlich in Geld und gibt dieses in Form von Konsum, Partys, Frauen und Drogen aus. Während seine Mutter ihn zwischenzeitlich eher als Alkoholiker betrachtete, sah er seinen Alkohol- und sonstigen Drogenkonsum eher als Mittel zum Zweck an. Während der Woche hart arbeitend, berauschte er sich dafür an den Wochenenden umso mehr. Lange Zeit fährt er genau diese Schiene, bis er 2010 in eine Krise gerät. Alles was er sich seit seinem 18. Lebensjahr als Ziel gesteckt hatte, schien nun erreicht. Im Interview erzählt er weiter:

„Jetzt habe ich alle meine Ziele erreicht. Jetzt muss ich doch der glücklichste Mensch auf der Erde sein? Und genau das Gegenteil ist passiert. Ich wurde der unglücklichste Mensch und fiel in ein tiefes Loch. Es fühlte sich an, als gäbe es da ein Loch in mir, das alles verschluckt und von nichts gestopft werden kann. Egal wie sehr ich versuchte noch mehr Partys und noch mehr Drogen in dieses Loch zu stecken - nichts davon schien zu helfen. Wie kann es sein, dass alles was die Gesellschaft, führende Persönlichkeiten, Stars und die Medien einem vorgeben, was man haben muss - und ich habe das wohlgemerkt alles - ich dennoch dieses unerklärliche Gefühl des Mangels in mir trage?“

Verzweifelt und verwirrt erreicht er einen Tiefpunkt in seinem Leben, welcher aus gesellschaftlicher Sicht eigentlich gar keiner sein dürfte.

Erst in diesem Zustand kramt er eine alte Bibel heraus, die seit Jahren in seinem Schrank Staub fing. Sein Gedanke war:

„Was wäre, wenn die Bibel die Wahrheit wäre?
Was wäre, wenn alles was in ihr steht, wirklich so passiert ist?"

Alles, was er in der Bibel las, entsprach dem völligen Gegenteil dessen, was er in seiner Jugend von seinem Umfeld und von christlichen Predigern zu hören bekam. Zum ersten Mal erkannte er für sich, dass seine Vorstellung über Jesus komplett anders war als die, mit der er jahrelang aufwuchs. Erstaunt von den Worten der Bibel betritt er zwei Wochen später, das erste Mal nach 12 Jahren, wieder eine Kirche um am Gottesdienst teilzunehmen. Ruhig in der Menge sitzend und überwältigt von den Veränderungen seiner damaligen Situation, verspürte er plötzlich, wie das Loch in ihm sich zu füllen begann und er sich immer besser fühlte. Als der Prediger Menschen nach vorne bat, um sich Jesus Christus anzuvertrauen, stieg er nach vorne aufs Podest und wurde, laut seiner eigenen Aussage, an diesem Tag von Jesus gerettet.

Zum ersten Mal in seinem Leben glaubte er an Gott, und das Gefühl, Gottes Gebote von diesem Augenblick an einhalten zu wollen, war stärker als alle Drogen, Partys und der sinnlose Sex mit fremden Frauen vereint. Kurzerhand schmiss er alle restlichen Drogen und den Alkohol in den Müll und begann sein Leben als neugeborener Christ zu führen.

„Es ist das Gefühl, endlich zu Hause angekommen zu sein. Es fühlt sich an, wie eine tiefgründige Zufriedenheit", so sagt er.
Nathanael legte sein auf sich selbst bezogenes Leben zur Seite und ließ Gott in sein Leben eintreten. Von da an betrachtete er sich nicht mehr ausschließlich selbst, sondern beschloss anderen Menschen zu dienen und ihnen zu helfen.

Privat so wie beruflich führt er sein Leben nun nach christlichen Prinzipien. Bei der Einstellung neuer Mitarbeiter achtet er nicht mehr nur auf Abschlüsse, sondern darauf, welches Potenzial in einem Menschen steckt und wie er dieses fördern kann. Ein gutes Beispiel dafür ist ein Mitarbeiter, den keine andere Firma haben wollte, und er beschloss, diesem, von der Gesellschaft ausgestoßenen Menschen, eine Chance zu geben.

Dieser Mitarbeiter sorgte im folgenden Jahr im Alleingang für ein achtel (eine Million) des gesamten Jahresumsatzes. Und das ist nur ein Beispiel von vielen.

Seitdem „Aquatuning" nach christlichen Prinzipien geführt wird und Nathanael sich nicht mehr als Chef sieht, sondern Gott diesen Posten übergeben hat, kommen seine Mitarbeiter immer wieder zu ihm und bedanken sich bei ihm, für die Chance in so einem warmen und freundlichen Unternehmen arbeiten zu dürfen, bei dem sie es schätzen, dass die Firma durch Prinzipien wie Ehrlichkeit geführt wird. Dieser Wandel schadete seinem Unternehmen in keiner Weise, stattdessen steigt der Umsatz weiterhin jährlich an. Nun fühlt Nathanael allerdings keine Leere mehr in sich, weil er sich nun einem höheren Zweck verschrieben hat. Inzwischen ist er auch glücklich verheiratet und sogar Vater. Etwas, das er sich niemals gedacht hätte.

Was du daraus lernen kannst

Zum einen ist Nathanael ein perfektes Beispiel dafür, dass man nicht aus Gründen des Reichtums, Geldes, der Macht oder des Ansehens willen erfolgreich werden sollte. Diese Einstellung führte zu einem sinnlosen und leeren Leben. Stattdessen begriff er, so wie viele andere Unternehmer vor ihm auch (z.B. Elon Musk, Owen Cook, Robert Kiyosaki oder Gary Vaynerchuk), dass man nur ein glücklicher Unternehmer sein kann, indem man sich einem **höheren Zweck** verschreibt und damit anderen Menschen dient.

Das bedeutet nicht, dass man unbedingt wie in diesem Beispiel zum Christen werden muss. Es bedeutet lediglich, an etwas zu ***glauben***. Etwas, das einen antreibt, einem Kraft gibt und seinen Anstrengungen einen ***Sinn*** einhaucht. Wenn sich in deinen Anstrengungen kein höherer Sinn erkennen lässt, etwas das über dir steht, eine Mission, etwas mit dem du anderen Menschen hilfst, dann wird auch all der Erfolg der ganzen Welt dich nicht glücklich machen. Leere und das Gefühl des Unglücklich-seins werden zu deinen einzigen Begleitern werden. Die wohl wichtigste Frage, die ein Erfolgsmensch beantworten muss, ist, aus welchem Grund er das tut, was er tut, und vor allem, wie er damit anderen Menschen dienen und somit Werte vermitteln kann.

Erfolgsmensch 36: Sophia Amoruso, Online-Vintage-Händlerstar

Über Sophia Amoruso

Die 1984 geborene Sophia Christina Amoruso startete einen Online-Store mit Vintage-Mode namens „Nasty Gal“ und machte damit 100 Millionen Dollar Jahresumsatz. Sie gilt als eine der reichsten Selfmadefrauen überhaupt.

"Mit Geduld und Herzblut setzte sie alles daran, die perfekten Fotos zu schießen, das richtige Styling zu finden und ihre Kundinnen glücklich zu machen. Ein Projekt, das Sophia zu einer der jüngsten "Reichsten Selfmade-Frauen" des Forbes Magazins machte und ihr den Titel der „Cinderella of tech“ (New York Times) bescherte."

- Victoria Kempter, Autorin

Ihre Geschichte

Sophia wurde in San Diego geboren und auf Grund von ADA (Adenosin-Desaminase) und Depressionen zu Hause unterrichtet. Sie jobbte als Verkäuferin und hielt sich mit einem unsteten Lebensstil über Wasser. Sie hatte keine Wohnung, lebte von Ladendiebstählen und vom Müllcontainertauchen. Als sie 2003 beim Klauen erwischt und verurteilt wurde, hörte sie schließlich damit auf. Sophia zog nach San Francisco, besuchte das Community College und arbeitete als Rezeptionistin bei der „Academy of Art University“. Nebenbei entwickelte sie im Jahre 2006 die Idee, gebrauchte Kleidung zu verkaufen. Sie hatte einen guten Riecher dafür, was zwar etwas wert war, doch im ersten Moment für den Verkäufer als solches nicht unbedingt erkennbar.

Sie wusste, wie man Social Marketing erfolgreich einsetzte und große Aufmerksamkeit auf ihren Store zieht. Sie hatte den Store anfangs bei eBay gegründet und baute nach zwei Jahren ihren eigenen Online-Shop „Nasty Gal" auf. Bis 2012 hatte sich der Umsatz vervierfacht. 2015 hörte Sophia bei „Nasty Gal" als CEO auf, und schon 2016 reichte das Unternehmen Insolvenz ein.

„Das Internet hat Menschen wie mir ermöglicht, Dinge auszuprobieren und ein Publikum dafür zu finden – ohne dass ich mein Schlafzimmer dafür verlassen musste."

- Sophia Amoruso

Bereits 2014 begann Amoruso mit der Website „girlboss.com" eine Frauen-Website aufzubauen, die sie auch heute noch betreibt. Es beinhaltet die „Girlboss-Foundation", die kreativen Frauen finanziell unter die Arme greift, und betreibt zudem einen Podcast. 2014 brachte Amoruso ihre Memoiren heraus und 2017 kam die erste Staffel von „#Girlboss" auf Netflix heraus, welche sich lose an ihr orientiert.

Was du daraus lernen kannst

Sophia hat vorgemacht, wie man sich mit Geschick und einem Gespür für Innovation sein eigenes Unternehmen aufbauen kann. Sie hat Schritt für Schritt dazu gelernt und hat immer das getan, was sie interessiert hat. So sagte sie einst:

„Die Energie, die man darauf verwendet, um das Leben Anderer genauer zu betrachten, sollte man lieber auf sein eigenes Leben verwenden. Sei einfach dein eigenes Vorbild."

Sich selbst zu erfinden und sich dabei nicht den Boden unter den Füßen wegreißen zu lassen, das hat Sophia Amoruso vorgemacht.

Erfolgsmensch 37: Marlene Dietrich, Schauspielikone

Über Marlene Dietrich

Marie Magdalene Dietrich war eine deutsche Schauspielerin und Sängerin, die in den 30er Jahren zum Hollywoodstar aufstieg und zum singenden Weltstar wurde.

Ihre Geschichte

Die Dietrich, wie sie später gerne genannt wurde, verließ als überzeugte Antifaschistin das „Nazi-Deutschland" in den 1930er Jahren, emigrierte in die USA und wurde mit Filmen wie „Der Blaue Engel" zum Star. Sie spielte stets die starke und emanzipierte Frau und wurde zum Idol der weiblichen Zuschauer. Da sie in den Kriegsjahren des Landesverrats bezichtigt wurde, kehrte sie nach dem Ende des Krieges nicht mehr nach Deutschland zurück. Geboren 1901, als Tochter eines Polizeileutnants, erhielt die junge Marlene eine konservative, preußische Erziehung. Viel Wert wurde dabei auf musikalische Bildung gelegt. Mit 17 Jahren ging sie auf ein Internat in Weimar, wo sie zur Konzertgeigerin ausgebildet wurde. Sie wünschte sich, ihr musikalisches Wissen und Können zu vertiefen, und studierte noch für ein weiteres Jahr an der Berliner Hochschule für Musik. Daraufhin wurde sie krank und musste das Studium abbrechen. Genug Zeit, um sich zu überlegen, wie es weitergehen sollte. Sie wollte Schauspielerin werden und begann daher bei diversen Schauspielschulen vorzusprechen. Theaterregisseure wie Max Reinhardt entdeckten und besetzten sie. Kurz darauf wurde sie für erste Filmrollen entdeckt. Seit 1930 kamen größere Rollen wie *„Lola"* und eben *„Der Blaue Engel"* auf sie zu. Im letzteren sang sie „Ich bin von Kopf bis Fuß auf Liebe eingestellt", was im Anschluss ein Riesenhit wurde.

Regisseur beider Filme war Josef von Steinberg, den sie auch nach Hollywood begleitete und dort einen siebenjährigen Vertrag mit „Paramount Pictures“ unterzeichnete. Gleich der erste Film *„Marocco“* löste Empörung aus – sie spielte eine Sängerin in Männerkleidung. Trotzdem wurde sie damit zum Fashion-Idol und viele Frauen fingen daraufhin an, Hosen zu tragen. Marlene drehte einen erfolgreichen Film nach dem anderen. Als 1933 die Nazis die Macht in Deutschland übernahmen, blieb sie Deutschland ganz fern.

Die Nazis bemühten sich, die Dietrich mit großartigen Rollenangeboten zurück zu locken, da sie ihre Immigration in die USA als schädlich für das Ansehen des Deutschen Reiches ansahen. Nach mehrmaligen Absagen brandmarkte „Nazi-deutschland“ Marlene als Landesverräterin. Sie wurde aktiv gegen den Faschismus, schrieb Songs gegen den Krieg und half jüdischen Emigranten. In den USA war sie ein großer Star und drehte mit den größten Regisseuren der Zeit, wie Orson Welles, Billy Wilder, Alfred Hitchcock und Ernst Lubitsch.

Vor dem Ende des Zweiten Weltkrieges reiste sie 1937 noch einmal nach Deutschland und nahm im Anschluss, aus Protest gegen die NAZIS, die amerikanische Staatsbürgerschaft an. 1943 - 1945 machte sie eine Pause als Schauspielerin, und trat in dieser Zeit vor amerikanischen Soldaten bei ihren Einsätzen im Ausland auf. Sie wurde von den Amerikanern und Franzosen für ihre Aktion ausgezeichnet. 1960 war sie für kurze Zeit zurück im Nachkriegs-Deutschland und feierte mit ihren Konzerten große Erfolge. Doch die Deutschen waren zwiegespalten. Die Brandmarkung der Nationalsozialisten als Landesverräterin hatte gefruchtet. Sie zog sich in die USA und später nach Paris zurück, wo sie 1992, im Alter von 90 Jahren verstarb.

Was du daraus lernen kannst

Marlene Dietrich hat es geliebt zu spielen und dabei niemals ihre Werte verraten. *Die Dietrich* war für ihre unnahbare, akribische Art bekannt. Immer bestens vorbereitet, sich nie auf den Erfolg ausruhend, und vor allem hat sie sich von niemanden einschüchtern lassen, das machte letztendlich ihren Erfolg aus. Wahrlich eine starke Frau.

Erfolgsmensch 38: Marie Curie, Nobelpreisträgerin

Über Marie Curie

Maria Salomea Skłodowska-Curie, geboren 1867, erforschte radioaktive Strahlung und gehört zu den Mitentdeckern der Elemente Radium und Polonium. 1903 erhielt sie den Nobelpreis für Physik und 1911 den Nobelpreis für Chemie. Damit ist Marie Curie, wie sie sich später nannte, die erste Frau, die einen Nobelpreis erhielt und die erste Person überhaupt, die zwei Nobelpreise überreicht bekam.

Ihre Geschichte

Als Tochter eines Mathematik- und Physiklehrers konnte Marie sich früh für Naturwissenschaften begeistern. Sie war eine sehr gute und fleißige Schülerin, die allerdings nach ihrem Schulabschluss mit Auszeichnung zunächst als Erzieherin arbeiten musste, um das Studiengeld ihrer Schwester zusammen zu bekommen. Viele Jahre später folgte sie dieser nach Paris an die „Sorbonne", wo sie Mathematik und Physik studierte. Marie steigerte sich geradezu hinein. Nicht nur, weil sie für Mathe und Physik brannte, sondern auch, weil sie allen beweisen wollte, was Frauen drauf haben. Beide Fächer schloss sie 1891 mit Auszeichnung ab und begann ihre Doktorarbeit beim Physikprofessor Antoine Henri Becquerel. 1895 heiratete sie Pierre Curie, ebenfalls Physiker, mit dem sie gemeinsam in einem einfachen Laboratorium forschte. Angetrieben von der Überzeugung, dass man die Strahlung, die Bequerel entdeckte, auch in anderen Elementen nachweisen kann, arbeitete sie zusammen mit ihrem Mann unablässig in ihrem schäbigen Labor. Sie widmeten sich ganz ihrer Forschung, tüftelten und tauschten sich intensiv aus. Forschung war ihr Leben. Sie prägte übrigens auch 1898 den Begriff Radioaktivität, die sie in ihrem Labor aufspürte.

Sie schaffte es, Radium zu isolieren und stellte somit fest, dass auch dieses radioaktiv ist. Die Veröffentlichung dieser Erkenntnis sorgte für Aufsehen. Marie Curie begann an einer Schule zu unterrichten und führte experimentelle Demonstrationen in den Unterricht ein, um Erkenntnisse zu verdeutlichen. 1903 promovierte Marie Curie in Physik. Zwischenzeitlich war auch die gemeinsame Tochter Irene auf die Welt gekommen. Die zweite Tochter Eve folgte nach der Berufung ihres Mannes Pierre an die „Sorbonne“. Es ging beruflich bergauf bei den Curies, der Nobelpreis für Physik für die beiden und Becquerel hatte einiges verändert. Gesundheitlich ging es aber bergab. Bei Pierre wurden Strahlenschäden deutlich. Doch bevor dies seine Todesursache werden sollte, verstarb er bei einem Unfall. Marie forschte weiter, später zusammen mit ihrer Tochter, übernahm Pierres Posten an der „Sorbonne“ und erhielt noch den Nobelpreis für Chemie.

Was du daraus lernen kannst

Marie Curie arbeitete und forschte hart, um letztendlich zwei Nobelpreise entgegen nehmen zu können. Ihr Anspruch an sich selbst war dabei auch davon getrieben, etwas in dieser Welt zu hinterlassen, einen Beitrag zu leisten.

„Man kann nicht hoffen, die Welt zum Besseren zu wenden, wenn sich der Einzelne nicht zum Besseren wendet. Dazu sollte jeder von uns an seiner eigenen Vervollkommnung arbeiten und sich dessen bewusst werden, dass er die persönliche Verantwortung für alles trägt, was in der Welt geschieht, und dass es die direkte Pflicht eines jeden ist, sich dort nützlich zu machen, wo er sich am nützlichsten machen kann.“

- Marie Curie

Erfolgsmensch 39: Amanda Hocking, Bestseller-Autorin

Über Amanda Hocking

Amanda Hocking wurde 1984 in Amerika geboren und machte sich als Selfpublisherin mit ihren Fantasy-Romanen einen Namen. Mit über 8 Millionen verkauften E-Books gilt sie als die erfolgreichste Self-Publishing Autorin der Welt und ist inzwischen Millionärin.

Ihre Geschichte

Sie arbeitete als Altenpflegerin, und begann eines Tages, nach der Arbeit pausenlos und mit Red Bull bewaffnet Romane zu schreiben. An freien Tagen schrieb sie sogar 8-12 Stunden unaufhaltsam an ihren Werken. Nach dem langen und erfolglosen Versuch, ihre Bücher traditionell über Verlage zu veröffentlichen, startete sie im April 2010 damit, ihre ersten Bücher auf Amazon Kindle als E-Books zu veröffentlichen. In den ersten Monaten verkaufte sie bis zu 9.000 E-Books pro Tag und verdiente weit über 100.000 US-Dollar pro Monat. Bereits einen Monat nach ihrer ersten Veröffentlichung kündigte sie ihre Stelle als Altenpflegerin und wurde zur Vollzeit-Autorin. Mittlerweile werden ihre E-Books auch im Taschenbuch-Format angeboten und überall auf der Welt verkauft.

„Ich wollte schon schreiben, seitdem ich wusste, was schreiben überhaupt ist", so sagt sie in einem Interview. Sie liebte es Geschichten zu erzählen und tat dies bereits als Kind. Sobald sie lernte zu schreiben, fing sie damit an, ihre Geschichten auf Papier zu bringen. Inzwischen veröffentlichte sie bereits über 20 Bücher auf Englisch und ließ mehrere davon auch in andere Sprachen übersetzen. Anfangs betrachtete sie das Schreiben eher als *Hobby.* Sie liebte es zwar, wollte zu Beginn aber nicht sämtliche Arbeit investieren, um es professionell zu machen.

Als sie ein Interview mit Mark Hoppus (Blink-182) sah, resonierte folgende Stelle stark mit ihr:

„Es reicht nicht aus eine Leidenschaft zu haben. Du musst die Bereitschaft dazu haben, ***harte Arbeit*** *und* ***viel Zeit*** *darin zu investieren."*

Diese Stelle resonierte so sehr mit ihr, dass sie endlich begann noch mehr Zeit und Energie zu investieren, um aus ihrem Hobby eine professionelle Karriere anzustreben, und sie arbeitete letztendlich wie verrückt Tag und Nacht daran. Nachdem ihr erster Roman, den sie mit 17 Jahren einreichte, von einem Verlagshaus abgelehnt wurde, versuchte sie 8 weitere Jahre lang, einen Fuß im traditionellen Verlagswesen zu fassen, doch ohne Erfolg. Erst im Jahre 2010 nahm sie das Potenzial von Kindle Direct Publishing war und veröffentlichte ihren ersten Roman als E-Book. Erst mit ihrem Erfolg und den Folgebüchern wurden irgendwann auch die Verlage auf sie aufmerksam und holten sie mit ins Boot.

„Selfpublishing ist eine Welt für sich. Meinen Erfolg verdanke ich den 40 zusätzlichen Stunden in der Woche, die ich in soziale Medien investierte, um präsent zu werden. Ich rede von Hunderten von E-Mails, dem Knüpfen von Kontakten und Schreiben von Blog-Artikeln. Und das alles **neben** dem Schreiben", erzählt sie weiter im Interview. Als Standard setzte sie sich „das qualitativste Produkt herzustellen, und so vielen Menschen wie nur möglich, näher zu bringen" wie sie nur konnte – diesen Standard pflegt sie noch heute.

Was du daraus lernen kannst

Amanda glaubt an die Macht der Qualität. „Biete ein hochqualitatives Produkt an, mit dem der Kunde sich identifizieren kann, und der Rest erledigt sich wie von alleine. Arbeite hart und unerbittlich an deinem Ziel und höre niemals auf. Vernetze dich mit Gleichgesinnten und werde präsent in sozialen Medien", so ihre Meinung. Das ist es, was man von ihr lernen kann.

Abschließende Worte

Diese Geschichten sollten dir bewiesen haben, dass du es schaffen kannst, egal in welcher Situation du dich gerade befindest, es zu einem erfolgreichen und glücklichen Menschen zu bringen. Du hast einen Traum? Dann hör auf nur davon zu träumen und lass ihn zur Realität werden. Setze dir dein eigenes Ziel und arbeite jeden Tag darauf hin. Sei hartnäckig, ehrgeizig, unerbittlich und glaube an dich. Mit jedem Tag wirst du deinem Ziel etwas näher kommen und niemand, wirklich NIEMAND, außer dir selbst wird dich davon abhalten können, deine Ziele zu erreichen. Solange du dich hier und jetzt dazu bereit erklärst, dein Leben endlich selbst in die Hand zu nehmen und zu begreifen, dass niemand die Aufgaben für dich übernehmen wird, die nötig sind, um dich glücklich zu machen – außer dir selbst. Ab diesem Zeitpunkt wird sich dein Leben schlagartig verändern. Dieser Moment soll nicht morgen sein. Er soll auch nicht irgendwann später sein. Der richtige Zeitpunkt ist im Hier und Jetzt. In diesem Moment, in dem du mein Buch in den Händen hältst, ist genau der Moment, auf den du bereits dein ganzes Leben lang gewartet hast. Lasse ihn verstreichen, und mit 65+ Jahren wirst du dich im Sterbebett an diesen Moment zurückerinnern und es **bereuen**. Ich will nicht, dass du noch länger auf dein Glück warten musst und eine weitere Chance verstreichen lässt. Ich will, dass du zu dem Menschen wirst, der du schon immer sein wolltest. Deshalb will ich, dass du dir nun ein Blatt Papier und einen Stift zur Hand nimmst, und hier und jetzt folgenden Vertrag mit **dir** selbst eingehst:

„Ich deinen Namen hier einfügen werde ab heute die Verantwortung für mein Leben übernehmen und jeden Tag an meinem Ziel dein Ziel hier einfügen arbeiten. Ich werde nicht aufhören und nicht aufgeben, bevor ich es nicht erreicht habe. Ich weiß, dass ich es erreichen kann. Die Meinungen anderer beeinflussen meine Entscheidungen nicht, sie sind mir sogar völlig egal. Ich weiß, wer ich bin und was ich will. Ich weiß, dass ich gut genug bin, um es zu erreichen. Niemand sonst auf der Welt, außer mir selbst, hat die Macht dazu, mich glücklich zu machen. Ich bin mein eigener Schicksalsschmied. Jeden Monat werde ich mich überprüfen und gegebenenfalls Anpassungen vornehmen, um mein Ziel dein Ziel hier einfügen zu erreichen. Risiken werde ich mit Mut bezwingen. Hindernisse werde ich bewältigen. Ängste werde ich überwinden. An all diesen Sachen werde ich wachsen. Sie werden mich stärken, lehren und weiser machen. Jeden Tag werde ich mir diesen Zettel vor dem Schlafengehen und nach dem Aufstehen durchlesen. Mein Verlangen mein Ziel dein Ziel hier einfügen zu erreichen wird dadurch von Mal zu Mal stärker werden. Das Verlangen wird so gewaltig, dass es mich komplett einnehmen wird. Und nichts, aber auch wirklich gar nichts wird mich daran hindern, zu der Person zu werden, die ich sein will."

Vereinbare diesen Vertrag mit dir selbst und schreibe ihn noch heute nieder. Fülle die unterstrichenden Stellen passend aus und lies es dir vor dem Schlafen und nach dem Aufstehen jeweils einmal, idealerweise laut, vor. Und zwar mindestens jeden zweiten Tag! Es wird dein Leben verändern. Dafür lege ich meine Hand ins Feuer! Ich wünsche dir viel Erfolg und Spaß dabei, dein neues Leben aktiv zu gestalten.

- Ignatz Rajher

Bist du zufällig leidenschaftlicher Gamer und interessiert daran deine Leidenschaft in Geld zu verwandeln? Dann vergiss nicht dir mein E-Book *„**Online Geld verdienen als Business Gamer - Aus Leidenschaft zum Zocken wird Business**“* auf Amazon anzuschauen. Vielleicht gefällt es dir!

Deine Meinung ist mir wichtig

Ich würde gerne wissen, was du über dieses Buch denkst:

- Hat es dir gefallen?
- Oder findest du es grottenschlecht?
- Hat sich beim Lesen etwas tief in dir verändert?
- Hat es dich motiviert?
- Findest du es informativ?
- War es pure Geldverschwendung?
- Oder die beste Investition deines Lebens?

Bitte nimm dir ein paar Minuten Zeit, um eine Rezension auf Amazon zu hinterlassen und mir deine Meinung mitzuteilen. Ich würde deine Meinung sehr zu schätzen wissen. Und sie würde von mir auch gelesen werden, weil ich jede Rezension lese und als Feedback ansehe. Egal ob du eine gute oder schlechte Rezension abgeben willst, deine Meinung zählt – für *mich* und für *alle* zukünftigen Leser, die sich noch unsicher sind, ob sich ein Kauf lohnen würde oder nicht.

Ich danke dir für dein Verständnis!

Bonus: Facebook-Gruppe

Facebook Gruppen Name:
„Die Erfolgsmenschen"-Gruppe

Link:
https://www.facebook.com/groups/erfolgsmenschenvip/

In dieser Gruppe findest du haufenweise geile Bonus-Inhalte, welche von mir kostenlos für dich zur Verfügung gestellt werden (lass dich also überraschen). Außerdem ist es ein Ort, um dich mit Gleichgesinnten zu vernetzen und über deine Erfolge oder aufkommende Probleme zu berichten und dich auszutauschen – werde ein Teil unserer geilen Community! In dieser Gruppe werde ich auch immer einmal wieder Updates zu meinen Folgebüchern (der *Erfolgsmensch-Reihe*) innerhalb dieses Themenbereichs berichten, dadurch kannst du aktiv an der Gestaltung der Inhalte teilnehmen, erste Proben lesen und mir mitteilen, welche Inhalte du dir wünschst. Mach dir außerdem keine Gedanken darüber, dass deine Freunde sehen könnten, dass du in einer Gruppe bist, die sich als Ziel setzt, mehr von ihrem Leben zu wollen als die restliche Welt. Es ist eine „geschlossene Gruppe" und die Außenwelt wird nichts von deinen Beiträgen erfahren.

Passwort zum Eintritt: #erfolgsmensch

Website:
https://www.ignatzrajher.de/
YouTube-Channel:
https://www.youtube.com/channel/UChwv3ZFcfZch0K_kL4QY4kw/

Printed in Poland
by Amazon Fulfillment
Poland Sp. z o.o., Wrocław

51890577R00074